SÉRIE TEORIA E PRÁTICA DAS ARTES VISUAIS | DIALÓGICA

O selo DIALÓGICA da Editora InterSaberes faz referência às publicações que privilegiam uma linguagem na qual o autor dialoga com o leitor por meio de recursos textuais e visuais, o que torna o conteúdo muito mais dinâmico. São livros que criam um ambiente de interação com o leitor – seu universo cultural, social e de elaboração de conhecimentos –, possibilitando um real processo de interlocução para que a comunicação se efetive.

Artes visuais e a escola: aproximações das diferentes abordagens curriculares em EJA e EaD

Stela Maris Britto Maziero

Rua Clara Vendramin, 58 · Mossunguê · CEP 81200-170 · Curitiba · PR · Brasil
Fone: (41) 2106-4170 · www.intersaberes.com · editora@editorainterssaberes.com.br

Conselho editorial
Dr. Ivo José Both (presidente)
Drª Elena Godoy
Dr. Neri dos Santos
Dr. Ulf Gregor Baranow

Editora-chefe
Lindsay Azambuja

Supervisora editorial
Ariadne Nunes Wenger

Analista editorial
Ariel Martins

Preparação de originais
Mariana Bourdignon

Edição de texto
Letra & Língua Ltda – ME
Tiago Marinaska

Capa
Cynthia Burmester do Amaral
Laís Galvão (design)
Dmytro Zinkevych/Shutterstock (imagem)

Projeto gráfico
Conduta Design (design)
Undrey/Shutterstock (imagem)

Diagramação
Estúdio Nótua

Equipe de design
Laís Galvão
Sílvio Gabriel Spannenberg

Iconografia
Celia Kikue Suzuki
Regina Claudia Cruz Prestes

Dados Internacionais de Catalogação na Publicação (CIP)
(Câmara Brasileira do Livro, SP, Brasil)

Maziero, Stela Maris Britto
  Artes visuais e a escola: aproximações das diferentes abordagens curriculares em EJA e EAD/Stela Maris Britto Maziero. Curitiba: InterSaberes, 2019. (Série Teoria e Prática das Artes Visuais)

  Bibliografia.
  ISBN 978-85-227-0034-9

1. Artes – Estudo e ensino 2. Artes visuais 3. Educação a distância 4. Educação de Jovens e Adultos 5. Prática pedagógica 6. Professores – Formação I. Título. II. Série.

19-25647   CDD-707

Índices para catálogo sistemático:
  1. Artes visuais: Ensino   707

Cibele Maria Dias – Bibliotecária – CRB-8/9427

1ª edição, 2019.
Foi feito o depósito legal.
Informamos que é de inteira responsabilidade da autora a emissão de conceitos.
Nenhuma parte desta publicação poderá ser reproduzida por qualquer meio ou forma sem a prévia autorização da Editora InterSaberes.
A violação dos direitos autorais é crime estabelecido na Lei n. 9.610/1998 e punido pelo art. 184 do Código Penal.

Sumário

Apresentação ... 7
Organização didático-pedagógica ... 9

1 Significados e contextos das artes visuais ... 13
   1.1 Contextos históricos e sociais ... 16
   1.2 Importância na sociedade e na vida dos indivíduos ... 17
   1.3 Produtores como agentes sociais de diferentes épocas e culturas ... 23
   1.4 Contextos históricos de produção social ... 25
   1.5 Ressignificação de conteúdos ... 28

2 Legislação e políticas públicas para o ensino de artes visuais no Brasil ... 37
   2.1 Diretrizes ... 39
   2.2 Ensino na atualidade ... 41
   2.3 Conteúdo obrigatório no ensino fundamental ... 42
   2.4 Formação de professores à luz da legislação ... 48
   2.5 Formação de professores em contextos a distância ... 50

3 Fundamentos teóricos e históricos das artes visuais ... 61
   3.1 Identidade das artes visuais como linguagem artística ... 63
   3.2 Semelhanças e diferenças em ambientes formais e não formais de educação ... 69
   3.3 Manifestações visuais e multiculturalismo ... 72
   3.4 Tendências pedagógicas ... 76
   3.5 Abordagens e concepções metodológicas ... 79

4 Formação de professores de artes visuais no Brasil ... 89
   4.1 Especificidades da educação de jovens e adultos ... 91
   4.2 Professor mediador: aspectos de docência na educação de jovens e adultos a distância ... 95

4.3 Fator de produção de conhecimentos: aspectos a considerar na formação de professores ... 98
4.4 Utilização de tecnologias da informação e comunicação ... 102
4.5 Formação em artes visuais: debates sobre a relação entre teoria e prática ... 106

5 Artes visuais nos contextos de privação de liberdade ... 115
5.1 Programa de educação em ambientes socioeducativos ... 117
5.2 Ensino na socioeducação ... 119
5.3 Perfil do socioeducando ... 121
5.4 Materiais utilizados na socioeducação ... 124
5.5 Driblando a privação de liberdade: utilização de ferramentas tecnológicas em contextos socioeducativos ... 126

6 Materiais de artes visuais na educação de jovens e adultos e na educação a distância ... 135
6.1 Proposta pedagógica ... 137
6.2 Proposta de ensino na educação de jovens e adultos para o ensino fundamental ... 138
6.3 Proposta de ensino na educação de jovens e adultos para o ensino médio ... 146
6.4 Proposta de ensino em contexto socioeducativo ... 152
6.5 Proposta em contextos a distância ... 154

Considerações finais ... 171
Referências ... 173
Bibliografia comentada ... 179
Respostas ... 181
Sobre a autora ... 183

Apresentação

Nosso objetivo ao escrever esta obra foi oferecer subsídios para repensar as artes visuais em diferentes contextos (formais ou não formais) de educação.

A identidade docente do professor de artes visuais começa em seu processo de formação inicial, quando, na graduação, é preparado para as práticas artísticas, para a pesquisa e para o ensino dessa linguagem da arte, tão importante na constituição do sujeito crítico, aluno e artista que se manifesta social, econômica e culturalmente na sociedade contemporânea.

Acreditamos que uma atuação competente e consciente desse profissional, seja na escola, como representante dos espaços formais de educação, seja nos museus, como alguém que descortina um espaço não formal de educação, oferece uma contribuição importante para a melhoria qualitativa do ensino das artes visuais.

No entanto, para que uma atuação consciente e uma construção sólida da identidade docente ocorram, é necessária a apreensão de conhecimentos conceituais consistentes que favoreçam o desempenho e a criatividade dos professores e futuros professores de Artes[1] nos processos da produção artística brasileira. Essa também é uma exigência da legislação que fundamenta o ensino da Arte como disciplina obrigatória dos currículos escolares da Educação Básica: a Lei de Diretrizes e Bases da Educação Nacional (LDBEN – Lei n. 9.394/1996).

Esperamos que as ideias e discussões trazidas neste livro possam mobilizar reflexões e gerar outros debates, de maneira a oportunizar a apropriação de conhecimentos estéticos e conceituais no campo dessa linguagem artística que possibilitem uma educação mais criadora e criativa.

Para tanto, organizamos esta obra em seis grandes temas que subsidiam a discussão do ensino de artes visuais em diferentes contextos.

---

[1] Quando tratado como componente curricular de ensino, usaremos inicial maiúscula. Quando o contexto for de área de conhecimento, usaremos inicial minúscula.

No primeiro capítulo, enfocamos a produção artística brasileira para analisar as artes visuais como fator de produção cultural voltado tanto para a arte formalista (ainda presente na escola) quanto para a arte como produção cultural ou conhecimento.

No segundo capítulo, abordamos a estrutura e a organização do ensino de artes visuais na educação de jovens e adultos (EJA) e na educação a distância (EaD). Tratamos das principais legislações que regulamentam o ensino das artes visuais no Brasil e de questões de organização dessa linguagem visual em modalidades de ensino previstas na LDBEN.

No terceiro capítulo, discutimos as especificidades das artes visuais como linguagem da arte e seus fundamentos teóricos e históricos, a fim de facilitar o reconhecimento das peculiaridades dessa linguagem, demarcando espaços de sua identidade, garantida com a publicação de legislações que tornaram o ensino da arte obrigatório.

Dando continuidade à discussão, no quarto capítulo, contextualizamos a formação de professores de artes visuais no Brasil. Examinamos aspectos dessa formação com o objetivo de instrumentalizar os futuros professores para o trabalho com a multiplicidade das artes visuais.

No quinto capítulo, indicamos práticas pedagógicas voltadas ao ambiente socioeducativo e ao ensino das artes visuais. Concomitantemente ao desenvolvimento do tema, explicitamos como se desenvolve o Programa de Educação no Contexto Socioeducativo (Proeduse), destacando as especificidades do ensino de artes visuais na proposta de socioeducação.

Por fim, no sexto capítulo, abordamos os temas voltados aos materiais didáticos de artes visuais em EJA nos diferentes contextos, a fim de identificar na proposta pedagógica quais aspectos devem ser considerados em sua elaboração.

Esses estudos se propõem a verificar as particularidades de propostas pedagógicas nas etapas de ensino fundamental, de ensino médio e do espaço socioeducativo (presenciais ou a distância).

Organização didático-pedagógica

Esta seção tem a finalidade de apresentar os recursos de aprendizagem utilizados no decorrer da obra, de modo a evidenciar os aspectos didático-pedagógicos que nortearam o planejamento do material e como o aluno/leitor pode tirar o melhor proveito dos conteúdos para seu aprendizado.

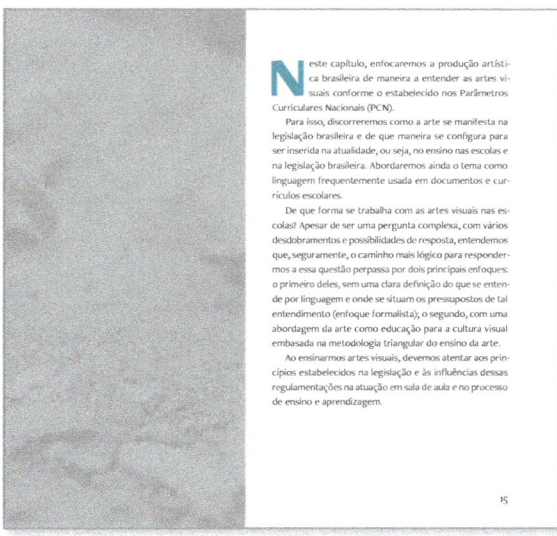

Introdução ao capítulo

Logo na abertura do capítulo, você é informado a respeito dos conteúdos que nele serão abordados, bem como dos objetivos que a autora pretende alcançar.

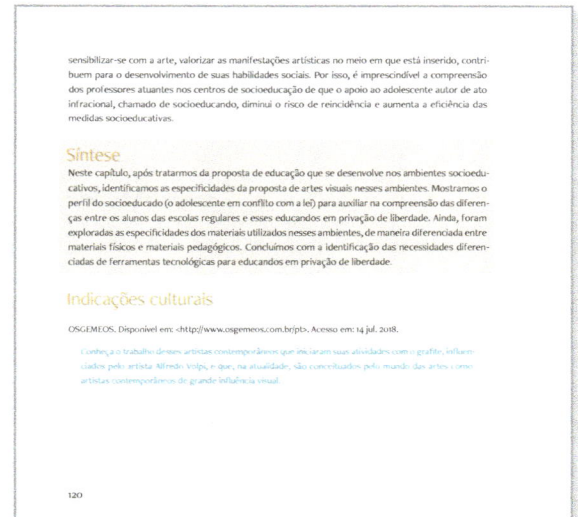

Síntese

Você conta, nesta seção, com um recurso que o instigará a fazer uma reflexão sobre os conteúdos estudados, de modo a contribuir para que as conclusões a que você chegou sejam reafirmadas ou redefinidas.

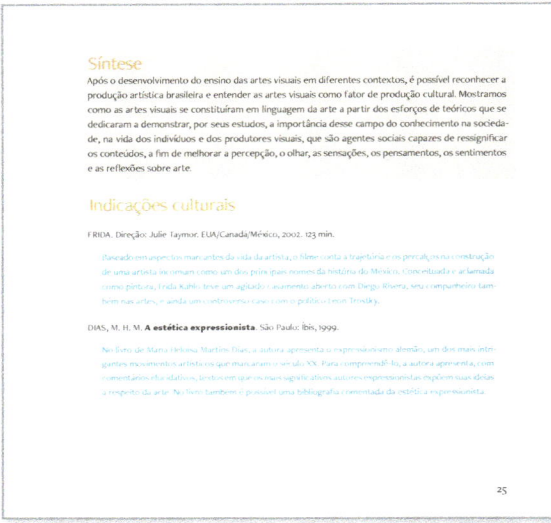

Indicações culturais

Nesta seção, a autora oferece algumas indicações de livros, filmes ou *sites* que podem ajudá-lo a refletir sobre os conteúdos estudados e permitir o aprofundamento em seu processo de aprendizagem.

Atividades de autoavaliação

Com estas questões objetivas, você tem a oportunidade de verificar o grau de assimilação dos conceitos examinados, motivando-se a progredir em seus estudos e a se preparar para outras atividades avaliativas.

Atividades de aprendizagem

Aqui você dispõe de questões cujo objetivo é levá-lo a analisar criticamente determinado assunto e aproximar conhecimentos teóricos e práticos.

Bibliografia comentada

Nesta seção, você encontra comentários acerca de algumas obras de referência para o estudo dos temas examinados.

*Significados e contextos
das artes visuais*

Neste capítulo, analisaremos a produção artística brasileira com vistas a entender as artes visuais conforme o estabelecido nos Parâmetros Curriculares Nacionais (PCN).

Para isso, discorreremos como a arte está prevista na legislação brasileira e de que maneira se configura para ser inserida na atualidade, ou seja, como ensinar Arte nas escolas de acordo com as normas que regulamentam esse componente curricular.

De que forma se trabalha com as artes visuais nas escolas? Apesar de ser uma pergunta complexa, com vários desdobramentos e possibilidades de resposta, seguramente, o caminho mais lógico para responder a essa questão perpassa por dois principais enfoques: o primeiro deles, sem uma clara definição do que se entende por linguagem e onde se situam os pressupostos de tal entendimento (enfoque formalista); o segundo, com uma abordagem da arte como educação para a cultura visual embasada na metodologia triangular do ensino da arte.

Ao ensinar artes visuais, deve-se atentar aos princípios estabelecidos na legislação e às influências dessas regulamentações na atuação em sala de aula e no processo de ensino e aprendizagem.

1.1 Contextos históricos e sociais

Contextualizaremos, aqui, a história da disciplina de Arte na educação brasileira e de que maneira se orienta a instituição das linguagens artísticas nesse contexto.

As demandas da educação na atualidade são de um conhecimento reflexivo sobre o desenvolvimento das artes visuais nos contextos televisivos e midiáticos, que fazem com que distâncias, tempos e espaços assumam outras dimensões.

As metodologias de ensino variam entre as concepções **essencialistas**, que prezam o ensino da arte pela arte, e as concepções **contextualistas**, que entendem a arte como ferramenta auxiliar para outros aprendizados. As tendências e as propostas contemporâneas para esse ensino estabelecem conexões com a sociedade. Ainda, prezam e contemplam três ações: fazer, apreciar e refletir sobre a arte como produto cultural e histórico.

Essas duas concepções metodológicas têm diferenciação em suas raízes, visto que a visão *essencialista*, denominação dada por Eisner (2003), acredita na ideia da arte com ênfase na própria arte, defendendo que ela é importante por si mesma, e não determinada ou utilizada para outros fins. Por outro lado, a tendência contextualista está interessada no entorno de sua prática, procurando desvendar o público e endereçar-lhe uma educação.

É importante ressaltar que, quando a arte é levada para a sala de aula considerando seus contextos históricos e sociais, é possível entendê-la como expressão que trata da capacidade de as pessoas interpretarem suas ideias por meio das diferentes linguagens. Além disso, compreende-se a arte como cultura, abordando as histórias de vida dos artistas que contribuem para as transformações da arte e para a formação da sociedade em que se vive.

Em contraponto a essas reflexões, os PCN definem e formalizam o ensino das linguagens artísticas. Ao estabelecer a função da arte e de suas linguagens, esse documento aponta que a educação visual deve considerar a complexidade de uma proposta educacional que contemple as possibilidades e os modos de os alunos transformarem seus conhecimentos em arte, ou seja, como aprendem, criam e se desenvolvem na área (Brasil, 1997).

Vale destacar que a arte não é suporte para as demais disciplinas do currículo. Ela deve ser encarada como meio para estabelecer a atividade criativa dos seres humanos, e essa atividade criativa se propaga e é capaz de escrever histórias, determinar espaços, situar manifestações, criando, assim, a dimensão social das manifestações artísticas, que constituem uma das mais importantes funções do ensino da arte.

Por meio dessas reflexões, concluímos que o ensino da arte está firmado em bases históricas e sociais, e são justamente estes os dois pontos cruciais que serão abordados nesta obra, cujo objetivo é dar subsídios para compreender o ensino e a aprendizagem da arte na atualidade, bem como para assumir um posicionamento a respeito do tema.

1.2 Importância na sociedade e na vida dos indivíduos

A disciplina *Arte*, constante das matrizes curriculares do ensino fundamental e do ensino médio nas escolas brasileiras, ganhou essa denominação com a obrigatoriedade de seu ensino na educação básica, estabelecida pela Lei de Diretrizes e Bases da Educação Nacional (LDBEN) – Lei n. 9.394, de 20 de dezembro de 1996 (Brasil, 1996). Você conhece o art. 26 dessa lei? E o parágrafo 2º desse dispositivo?

O art. 26, parágrafo 2º, prevê que o ensino da arte deve ser componente curricular obrigatório nos diversos níveis da educação básica, a fim de promover o desenvolvimento cultural dos alunos (Brasil, 1996).

Significa dizer que a Arte é componente curricular obrigatório na educação infantil, ministrada por estabelecimentos de ensino regular para crianças de 0 a 5 anos; bem como no ensino fundamental e no ensino médio, organizados também na educação de jovens e adultos (EJA). Isso porque, a partir da LDBEN, a arte deixa de ser entendida como uma atividade, como um mero fazer, e passa a ser encarada como uma forma de conhecimento (Brasil, 2005b).

Na legislação anterior – Lei n. 5.692, de 11 de agosto de 1971 –, a disciplina de Arte era chamada de *Educação Artística*. De acordo com essa lei, a Educação Artística constava no currículo escolar como atividade artística, e não como disciplina. Pertencia ao núcleo comum do currículo escolar e passou a compor a área de comunicação e expressão (Brasil, 1971).

Como se trata do percurso da Arte na legislação brasileira, entendemos que essa não é apenas uma mudança de terminologia nas legislações, mas uma transformação de postura e de concepção de "prática de atividade artística" para "produtora de conhecimento artístico" e responsável por promover o desenvolvimento cultural dos alunos. É o que conta no Parecer n. 22/2005, que solicita a retificação da expressão *Educação Artística* pelo termo *Arte* (Brasil, 2005b).

1.2.1 Arte formalista

Você já ouviu falar em formalismo? Trata-se de tendência de ensino na arte? O formalismo pode ser considerado uma concepção artística da arte. Segundo as Diretrizes Curriculares da Educação Básica: arte[1] (Paraná, 2008), essa concepção surgiu nos anos 1970 e teria se vinculado à pedagogia tecnicista da época, estando ainda presente na prática escolar até os dias de hoje.

Mas o que é arte formalista? É uma concepção de ensino que supervaloriza a técnica e especialmente o que o aluno faz, dando valor somente ao produto final, e não ao processo de realização. Nela, os elementos estruturais desenvolvidos pelo aluno são enfatizados na produção artística.

Podemos afirmar que o formalismo valoriza elementos visuais como cor, linha, forma e textura, sem recorrer a interferências sociais ou de âmbito subjetivo ou expressivo do criador, visto que se preocupa apenas com a estética, o modo de fazer, a organização dos elementos que compõem uma obra, e não com o significado dela. Nessa proposta, o tema (processo) desenvolvido pelo aluno é menos importante que a estrutura (produto). Como exemplo dessa concepção, observe a tela a seguir (Figura 1.1). Ela pertence a uma obra formalista do artista Mark Rothko[2].

O artista é considerado um exemplo de autor formalista, tendo o elemento visual como destaque, pois utiliza a cor para representar as emoções. Você também pode ter participado de uma experiência com o enfoque formalista. Como? Lembra-se de quando foi aluno do ensino fundamental ou médio

---

[1] As Diretrizes Curriculares aqui mencionadas são uma produção do Estado do Paraná construída coletivamente por equipes da Secretaria de Educação em parceria com professores de Arte atuantes na rede pública estadual, recebendo consultores para aprimoramento do texto.

[2] Mark Rothko é um artista de origem russa que se mudou com a família para os Estados Unidos e se declarava norte-americano.

e, possivelmente, desenhou uma paisagem e toda a turma, incluindo você, achou o desenho lindo, porém o professor, ao olhar a produção, comentou que faltava representar o chão, justificando que a figura desenhada não poderia ficar "voando", sem dar importância ao aspecto estético do trabalho? Pois bem, esse educador preocupou-se apenas com a falta do elemento visual, deixando o aspecto expressivo em segundo plano e fazendo com que você experimentasse uma decepcionante avaliação formalista de seu trabalho.

Esse é apenas um exemplo que considera a obra pelas propriedades formais da composição. É também o modo de utilizar a arte como atividade artística conceitual, na qual os elementos visuais e sua aplicação são mais importantes que o produto dele oriundo.

1.2.2 Arte para a cultura visual

Você já deve ter ouvido falar sobre a proposta de ensino da arte para a cultura visual. Não?

Figura 1.1 – *Multiform*, de Mark Rothko

ROTHKO, M. [**Sem título**]. 1949. 1 óleo sobre tela: color.; 206,7 × 168,6 cm. National Gallery of Art, Washington, D.C., Estados Unidos.

Essa proposta também é conhecida como *arte para o conhecimento*. Nas palavras de Rizzi (2002), "a arte é importante por si mesma e não por ser instrumento para fins de outra natureza". Assim, o professor que entende a arte como conhecimento pensa em como ensiná-la e se pergunta: Para que aprendê-la?

Ana Mae Barbosa (1991) demonstra que a arte está relacionada ao desenvolvimento cognitivo. Os estudos dessa autora buscam explicar o processo de ensino e aprendizagem dos conhecimentos artísticos.

Com isso, criou-se a **abordagem triangular** do ensino da arte.

A Figura 1.2 mostra que, para estudar arte, é necessário não apenas produzir, mas também saber de onde vem a obra que estuda e o que levou o artista a compô-la dessa maneira, a fim de fazer a leitura correta da obra.

Figura 1.2 – Concepção de metodologia triangular em artes visuais

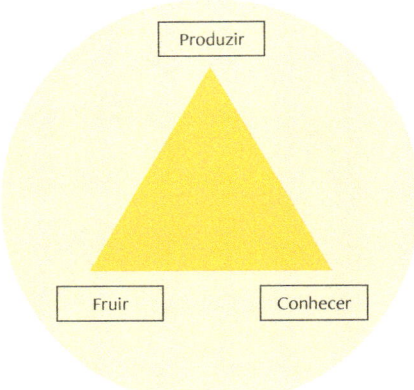

Trazendo essa teoria para o cotidiano da sala de aula, significa dizer que a metodologia empregada nas aulas de Arte contempla três momentos da organização pedagógica: **teorização**; **sensação e percepção**; e **trabalho artístico**. A fase de teorização ou fruição pode ser alternada de acordo com a dinâmica da aula. Cada um desses momentos apresenta especificações: conhecer, como o primeiro momento que propicia a apropriação da obra; fruir, que se refere à apreciação, à apropriação da obra em si; e produzir, que leva em conta os dois anteriores para o aluno colocar em prática sua produção (Paraná, 2008).

Você conhecia essa metodologia? Em sala de aula, esses momentos não observam uma sequência rígida para acontecer. O importante nas artes visuais é que o aluno participe da organização pedagógica da arte como conhecimento.

1.2.3 Artes visuais na sociedade

Para atuar como professor, é imprescindível questionar-se: Para que se aprende arte? Como se ensina arte?

Na prática pedagógica, é preciso também considerar a relevância da arte para a sociedade. Você já se questionou a respeito do papel dessa linguagem na vida das pessoas? Como seria o mundo sem ela? As abordagens pedagógicas do professor em artes visuais devem ir além da produção pictórica de conhecimento universal e dos artistas consagrados, usando formas e imagens de diferentes aspectos presentes nas sociedades contemporâneas. Isso inclui cinema, televisão, videoclipe, em que a imagem tem uma referência fundamental, composta de aspectos bidimensionais e tridimensionais. Voltando à questão anterior, pensando nessa produção, que é visual, como seria nossa vida sem a arte? Certamente, teríamos um mundo sem expressão e, até mesmo, sem história, pois a história dos povos é enriquecida por suas produções. Conseguimos contar um pouco da história de Roma ao visualizarmos o Coliseu[3] (Figura 1.3), não é mesmo?

Figura 1.3 – Coliseu, na Itália

caminoel/Shutterstock

---

3 "A construção do maior anfiteatro do Império Romano foi iniciada por Vespasiano em 72 d.C. O prédio foi planejado para mudar a relação entre poder e pessoas: entretenimento e distração oferecidos gratuitamente à população. Foi usado para lutas de gladiadores e simulações de caça envolvendo animais ferozes e exóticos. A capacidade é estimada em torno de 70.000 pessoas. Os *shows* se tornaram ocasiões para impressionar e controlar as pessoas por uma exibição imprevista de efeitos especiais surpreendentes. Hoje, é possível visitar e entender como funcionou o sistema teatral subterrâneo, com guinchos, rampas e armadilhas para apresentar os animais, os gladiadores e os maquinismos de paisagem a uma multidão ofuscada" (Colosseum..., 2019, tradução nossa).

Desde pequenos, utilizamos as artes visuais para evidenciar nossas experiências sensíveis, por meio do desenho, da pintura e da escultura. Isso porque as artes visuais expressam, comunicam e atribuem sentidos, pensamentos e sentimentos por meio da organização de linhas, pontos, formas em aspectos bidimensionais, bem como volumes e espaços nos aspectos tridimensionais.

As formas das artes visuais, também denominadas *visualidades* (desenho, pintura, colagem, escultura, gravura, modelagem, instalação, vídeo, fotografia, histórias em quadrinhos, produções informatizadas), criam um universo de exposição múltipla para os seres humanos. Essas exposições servem à sociedade, de maneira geral, para a apreciação do belo e de tudo que é ligado à estética, mas sua maior importância está na constatação das representações que o ser humano faz ao criar, à medida que avança seu processo de aprendizagem.

Assim, a relevância das artes visuais para a sociedade também pode ser evidenciada na vida dos indivíduos como objeto de apreciação significativa e como produto cultural e histórico. Na escola, a arte e seu ensino são essenciais para a formação estética cultural dos alunos.

A apreciação significativa deve ser trabalhada possibilitando a convivência com produções visuais diversas, sejam elas originais, sejam elas reproduzidas em âmbitos regional, nacional e internacional.

Trabalhar com a produção cultural e histórica significa possibilitar aos alunos atividades que envolvam a observação, o estudo e a compreensão de diferentes obras de artes visuais, artistas e movimentos artísticos em diversos tempos da história.

O ensino e a aprendizagem da apreciação significativa e da produção cultural e histórica são aliados do fazer artístico, que compreende: desenho, pintura, colagem, escultura, modelagem, instalação, gravura, fotografia, videoclipes, história em quadrinhos e produções informatizadas. Esses processos correspondem aos aspectos percorridos pelo artista na produção da obra e que devem ser propiciados ao aluno artista em sala de aula.

Assim, podemos afirmar que não existe sociedade sem arte, uma vez que esse campo do conhecimento está presente ao lado do ser humano desde a sua infância.

1.3 Produtores como agentes sociais de diferentes épocas e culturas

O perfil do profissional de artes visuais deve apresentar competências intelectuais que reflitam a heterogeneidade das demandas sociais. Assim, o artista visual, independentemente de seu campo de atuação, deve ser produtor de visualidades, e essas produções serão o veículo de transformação social.

A formação desse profissional, bacharel ou licenciado, objetiva o desenvolvimento de um agente social. Os documentos oficiais estabelecem que os cursos de graduação em Artes Visuais "devem formar profissionais habilitados para a produção, a pesquisa, a crítica e o ensino das Artes Visuais" e sua formação deve contemplar "o desenvolvimento da percepção, da reflexão e do potencial criativo, dentro da especificidade do pensamento visual" (Brasil, 2008, p. 4).

As diferentes situações de trabalho demandam uma ou mais competências do profissional. Uma das competências exigidas do produtor de artes visuais e prevista nas Diretrizes Nacionais do Curso de Graduação em Artes Visuais (Brasil, 2009), bacharelado ou licenciatura, é interagir com as manifestações culturais da sociedade na qual se situa, demonstrando sensibilidade e excelência na criação, na transmissão e na recepção do fenômeno visual. E acrescentam-se: desenvolver pesquisa científica e tecnológica em artes visuais, objetivando a criação, a compreensão, a difusão e o desenvolvimento da cultura visual; atuar, de forma significativa, nas manifestações da cultura visual, instituídas ou emergentes; atuar nos diferentes espaços culturais, especialmente em articulação com instituições de ensino específico de artes visuais; e estimular criações visuais e sua divulgação como manifestação do potencial artístico, objetivando o aprimoramento da sensibilidade estética dos diversos atores sociais. Ao estimular criações visuais diversas, incentiva-se o processo de criatividade e, assim, os produtos artísticos derivados de tais criações contribuem para a constituição de um patrimônio social.

1.3.1 Produtor visual das artes

Para Barbosa (1991), *arte* é o processo de significação que consegue alterar nosso olhar como observadores. Quando entendemos a arte como **produto cultural** e o artista como **agente social**, é necessário que este exponha o observador a diferentes influências culturais, uma vez que ele exercita sua capacidade de criar múltiplas interpretações e exige flexibilidade para compreender e interpretar a multiplicidade de códigos culturais. Como agente social da arte, o artista visual representa a sociedade em seus anseios, seus sentimentos, suas angústias, suas revoltas e outras sensibilidades que a obra de arte possa representar.

Para o melhor entendimento do que significa ser produtor visual e sobre a importância dessa função, adotamos o exemplo do pintor espanhol Pablo Picasso. Em 1937, já uma celebridade que residia em Paris, Picasso recebeu uma encomenda do Governo Republicano Oficial, que desejava uma obra de arte, uma pintura que pudesse figurar no Pavilhão da República Espanhola, na Exposição Internacional de Paris daquele mesmo ano. Essa obra deveria causar um grande impacto e, para isso, ter grandes dimensões. O maior objetivo da encomenda era que o Partido da Frente Popular deveria, com a obra, arrecadar fundos para a república. Você pode imaginar de qual obra estamos falando: *Guernica* (1937). O gigantesco painel retratou os horrores causados por um bombardeio de aviões à cidade de mesmo nome, em 26 de abril de 1937. Foram sucessivos ataques a essa cidade por aviões da força aérea alemã.

Picasso não se calou. Usou sua arte para simbolizar as atrocidades cometidas pelo homem. Empregou uma técnica bastante conhecida e difundida pelo cubismo, a *collage*, porém, realizou uma espécie de colagem simulada, pois, em vez de colar papéis e objetos para compor a obra, ele, utilizando tinta, simulou uma composição. Isso foi intencional por parte do artista, de modo a romper com as concepções tradicionais de perspectiva e de modelagem e com a ideia da arte como imitação da natureza.

Guernica, além de ser uma notável representação histórico-estética do cubismo e de ter grande impacto visual, é uma obra de expressividade social, tendo representado com perfeição a violência do bombardeio à cidade e a indignação quanto a esse acontecimento. Esses sentimentos foram transformados por Picasso em dedicação e empenho de cinco meses de trabalho e 45 estudos preliminares.

Figura 1.4 – *Guernica*, de Pablo Picasso

PICASSO, P. **Guernica**. 1937. 1 óleo sobre tela: 3,49 × 7,77 m. Museo Nacional Centro de Arte Reina Sofia, Madrid, Espanha.

É isso que o torna um agente social – retratou o clima sombrio que envolveu o desastre em tons de cinza, além do branco e do negro.

1.4 Contextos históricos de produção social

Na seção anterior, discutimos o que significa ser produtor visual como agente social e, ainda, como o produto artístico pode representar uma época ou um período. Esse produto artístico pode ser um objeto que não retrata fielmente o mundo natural ou vivido, indicando somente a visão ou o desejo do artista.

A representação artística, então, pode ser real ou simbólica. Ela serve para que a humanidade marque presença em determinados espaços, desde as pinturas das cavernas até templos religiosos, telas ou filmes, todos voltados ao mundo visual. Analise as Figuras 1.5 e 1.6.

Essas imagens indicam que as representações nelas retratadas correspondem a períodos históricos, traduzindo aspectos histórico-sociais da obra de arte e impondo o conhecimento dos elementos visuais constituintes das obras.

Andy Warhol, artista norte-americano, compôs, em 1962, uma obra que ficou conhecida como *32 latas de sopa Campbell*. Nessa fase, o artista criou uma série de 32 quadros da sopa de acordo com as variedades oferecidas pela Companhia Campbell, em tamanhos de 50,8 cm por 40,6 cm. A série de pinturas foi composta por meio de processo semimecanizado de serigrafia, que fez com que o movimento conhecido como *Pop Art* se tornasse um dos mais importantes dos Estados Unidos. Inicialmente, a obra de Warhol foi encarada como uma ofensa ao movimento até então estabelecido, o expressionismo abstrato, e a *Pop Art* representava o retorno da arte figurativa. Críticos a consideraram uma afronta e a classificaram como mundana e descaradamente comercial.

Figura 1.5 – Imagem de 32 latas de sopa Campbell (1962)

©2019 - The Andy Warhol Foundation for the Visual Arts, Inc./Licensed by AUTVIS, Brasil. Forray Diedier/SAGAPHOTO.COM/Alamy/Fotoarena.

WHAROL, Andy. **Imagem de 32 latas de sopa Campbell**. 1962. 1 pintura de polímero sintético sobre tela: color.; 50,8 × 40,6 cm. Museum of Modern Art, Nova Iorque, Estados Unidos.

Atentemos, agora, para a Figura 1.6. Trata-se de uma construção egípcia: o templo de Abu Simbel, construído no século XIII a.C. por ordem do Faraó Ramsés II. O motivo de idealização do projeto de construção foi deixar transparecer às demais sociedades a superioridade do Egito e ofuscar os conflitos gerados após a imposição do antecessor Faraó Akhenaton de cultuar apenas o deus Aton – dando origem ao monoteísmo.

O templo compõe um complexo arqueológico egípcio junto ao templo de Háthor, e ambos estão localizados próximo ao Lago Nasser.

Além das explicações estéticas, salientamos o sentido da construção, compreendendo como essa obra de arte influencia a sociedade a que pertence. O objetivo da edificação com todos os deuses alinhados na fachada de entrada do templo era que o povo egípcio voltasse a cultuar mais de um deus para, assim, reimplantar o politeísmo.

As decisões políticas de cada artista influenciam espaços e marcam épocas. Os produtos artísticos são objetos sociais de diferentes contextos históricos. A arte está inserida em um processo histórico e social e se relaciona também com o processo educacional de forma dinâmica, perpassando por concepções teóricas que possibilitam aos seres humanos a compreensão de homem e de mundo que formam as sociedades, os espaços e os tempos vividos. Esses produtos artísticos enfatizam a expressão, a fruição, a forma ou mesmo o fazer artístico como elemento definidor dessa produção artística.

Importa-nos analisar como esses elementos foram construídos, pois definem pressupostos filosóficos e metodológicos do ensino das artes visuais na sociedade e acompanham as variações conhecidas pelo próprio conceito de arte.

Figura 1.6 – Templo de Háthor, em Abu Simbel

1.5 Ressignificação de conteúdos

Nesta investigação sobre os significados e contextos da arte, é importante discutirmos a ressignificação dos conteúdos de artes visuais considerando-as produto social e histórico.

Dessa maneira, ao abordar os contextos históricos do ensino das artes visuais, é preciso ponderar a relevância da estética do cotidiano, da demarcação dos espaços urbanos por uma conexão entre espaços físicos e digitais, da pintura à computação gráfica, para, assim, ressignificar o processo de ensino e aprendizagem dessa área do conhecimento.

Observe a Figura 1.7. A tela é considerada a obra-prima do artista. Segundo ele mesmo escreveu em seu diário, a cena retratava um passeio dele com dois amigos ao pôr do sol quando o céu, de súbito, teria ficado vermelho ("da cor de sangue", nas palavras dele). Relatou, ainda, que, quando isso aconteceu, ele parou exausto, inclinando-se sobra a mureta. Diante das sensações provocadas pela observação de um céu com sangue

Figura 1.7 – *O grito*, de Edvard Munch

MUNCH, E. **O grito**. 1893. 1 óleo sobre tela, têmpera e pastel sobre cartão: color.; 91 × 74 cm. Galeria Nacional de Oslo, Noruega.

e línguas de fogo sobre o azul escuro, ficou inerte, tremendo de ansiedade e sentindo o "grito infinito da Natureza" enquanto os amigos continuaram a passear (Menezes, 1993).

Essa descrição presente no diário do artista mostra que o sujeito participa ativamente desse processo, percebendo a realidade, transformando e inovando esse aprendizado.

De acordo com os PCN, a "educação visual deve considerar a complexidade de uma proposta educacional que leve em conta as possibilidades e os modos de os alunos transformam seus conhecimentos em arte, ou seja, o modo como aprendem, criam, desenvolvem-se e modificam suas concepções de arte" (Brasil, 1998c, p. 63).

Neste sentido, podemos concluir que, ao produzir artisticamente, ao ler e compor, o sujeito articula e estrutura o sentir e o pensar. Como, então, seria viável significar e ressignificar os conteúdos de artes visuais considerando a imagem de *O grito* (1893)?

Os momentos da metodologia triangular de ensino da arte estabelecem os três eixos norteadores: produção, fruição e reflexão. A **produção** refere-se ao fazer artístico e ao conjunto de questões a ele relacionadas, no âmbito do fazer do aluno e dos produtores sociais de arte. A **fruição** diz respeito à apreciação significativa de arte e do universo a ela relacionado. A **reflexão**, por fim, abrange a construção de conhecimento sobre o trabalho artístico pessoal e dos colegas, bem como acerca da arte como produto da história e da multiplicidade das culturas humanas, com ênfase à formação cultivada do cidadão.

Pois bem. Em uma sequência de aprendizagem de arte e analisando a obra de Munch, podemos tecer algumas considerações.

Primeiro momento: produção

De acordo com os PCN de Arte (Brasil, 1997), no fazer artístico dos alunos, as artes visuais podem compreender várias visualidades, tais como desenho, pintura, colagem, escultura, gravura, modelagem, instalação, vídeo, fotografias, história em quadrinhos, produções informatizadas. É possível, então, que o aluno, em sala de aula, produza e experimente os elementos fundamentais das artes visuais (ponto, linha, plano, volume) por meio da observação de *O grito*, inserindo suas produções no contexto da obra observada.

Segundo momento: fruição

Essa abordagem diz respeito à convivência com produções visuais (originais e reproduzidas) e suas concepções estéticas nas diferentes culturas (regional, nacional e internacional). O contato com uma obra internacional como O grito amplia o vocabulário artístico, possibilitando ao aluno conhecer o estilo artístico e a abordagem de temas relacionados a sentimentos e tragédias humanas (a exemplo da angústia, do medo, da depressão, da saudade; este último deve levar em conta a faixa etária dos alunos). E por que trabalhar com essa obra de Munch? Além da riqueza de cores, linhas e movimentos da tela, ela é considerada uma das mais importantes do movimento expressionista (mais interessante para o artista do que o retrato da realidade é a expressão de suas ideias e de seus sentimentos).

Terceiro momento: reflexão

Esse momento diz respeito à abordagem das artes visuais relacionada à observação, ao estudo e à compreensão de diversas obras de artes visuais, artistas e movimentos artísticos produzidos em várias culturas e em diferentes tempos da história. Diante dessa pequena descrição, você pode estar pensando que o eixo da fruição, descrito anteriormente, é igual a esse eixo da reflexão, não é mesmo? Não é. O eixo anterior, embora tenha contato com o estilo artístico do produtor visual e aborde o expressionismo, trabalha na esfera das emoções retratadas no quadro, fornecendo ao aluno informações técnicas e conceituais de aprendizado. Na etapa de reflexão, por meio da observação da obra, é possível que o aluno a perceba com um olhar voltado para a análise, surgindo questões como: De onde veio isso? O que quer dizer? Por que isso é arte? Afinal, quantas vezes, ao olhar para uma pintura, lembramos ou imaginamos uma história, uma cena vivida, um objeto utilizado, um personagem conhecido?

    A seleção dos conteúdos de arte e, principalmente, sua ressignificação permitem ao aluno perceber que a experiência possibilita identificar os interesses, as vivências, as linguagens, os modos de conhecimento de arte e as práticas de vida (Ferraz; Fusari, 1992).

    A ressignificação dos conteúdos de arte é mais complexa do que a seleção, pois serve para que o aluno melhor experiencie sua percepção, seu olhar, suas sensações, seus pensamentos, seus sentimentos e suas reflexões. Precisamos nos lembrar das palavras de Barbosa (2016), quando entrevistada sobre a importância do ensino de arte nas escolas: "a Arte não é babado cultural, não é enfeite para botar na parede". Arte é também conhecimento e história. Entendendo essa importância e praticando arte com significado, o aluno será capaz de escolher e justificar suas escolhas, compartilhar ideias com os amigos, propor alternativas, produzir as próprias obras e expressar valores e convicções.

Síntese

Por meio da análise do ensino das artes visuais em diferentes contextos, é possível reconhecer a produção artística brasileira e entender as artes visuais como fator de produção cultural. Destacamos como as artes visuais se constituíram em linguagem da arte a partir dos esforços de teóricos que se dedicaram a demonstrar, por intermédio de seus estudos, a importância desse campo do conhecimento para a sociedade e a vida dos indivíduos, bem como para os produtores visuais, que são agentes sociais capazes de ressignificar os conteúdos, a fim de melhorar a percepção, o olhar, as sensações, os pensamentos, os sentimentos e as reflexões sobre arte.

Indicações culturais

FRIDA. Direção: Julie Taymor. EUA/Canadá/México, 2002. 123 min.

> Baseado em aspectos marcantes da vida da artista, o filme conta a trajetória e os percalços dessa artista incomum que se tornou um dos principais nomes da história do México. Aclamada como pintora, Frida Kahlo teve um agitado casamento aberto com Diego Rivera, seu companheiro também nas artes, e um controverso caso com o político Leon Trostky.

DIAS, M. H. M. **A estética expressionista**. São Paulo: Íbis, 1999.

> O livro de Maria Heloisa Martins Dias trata do expressionismo alemão, um dos movimentos artísticos que marcaram o século XX. A autora reúne e comenta textos em que autores expressionistas expõem suas ideias a respeito da arte. O livro conta também com uma bibliografia comentada da estética expressionista.

Atividades de autoavaliação

1. Leia atentamente o texto a seguir.

   > O objeto de estudo e de conhecimento de arte é a própria arte e o aluno tem de se confrontar com a arte nas situações de aprendizagem. Em outras palavras, o texto literário, a canção e a imagem trarão conhecimentos ao aluno em situações de aprendizagem, pois ele precisa ser incentivado tanto a exercitar-se nas práticas artísticas e aprender a fruir arte como exercitar a contextualização que envolve pesquisar e saber situar o conhecimento de arte. (Brasil, 1998c, p. 46)

   Com base no texto apresentado, é correto afirmar que a arte, como disciplina escolar, pressupõe:

   a) o desenvolvimento específico.
   b) o desenvolvimento do interesse e da competência crítica de valores estéticos específicos na linguagem teatral.
   c) a aquisição de um saber específico na linguagem pictórica.
   d) o estudo de diferentes saberes e linguagens artísticas, assim como a aquisição de conhecimento estético.

2. A abordagem para o ensino da arte desenvolvida pelos estudos de Barbosa (1991) é denominada:
   a) tradicional.
   b) triangular.
   c) formalista.
   d) expressionista.

3. A seleção dos conteúdos de arte e, principalmente, sua ressignificação possibilitam ao aluno identificar interesses, vivências, linguagens, modos de conhecimento de arte e práticas de vida. Para que seja possível prever essa seleção, o professor deve:

a) estimular o desenvolvimento individual da arte, utilizando exercícios de repetição e fixação de conteúdos.
b) priorizar o ensino de história da arte clássica, de maneira a desenvolver no aluno a técnica artística.
c) desenvolver habilidades estéticas e artísticas no aluno, valorizando seu processo criador e sua relação subjetiva com o mundo.
d) enfatizar o conhecimento técnico do aluno, preparando-o para o mercado de trabalho.

4. Considerando o processo de produção artística, analise as afirmações a seguir e indique V para as verdadeiras e F para as falsas.

( ) Produção, fruição e reflexão são eixos de metodologia que devem ser ignorados no ensino das artes visuais na atualidade.
( ) A seleção de conteúdos das artes visuais deve considerar somente a experiência dos alunos.
( ) A representação artística do mundo humano pode ser real ou simbólica.
( ) Um produtor visual é também um agente social.

Agora, assinale e alternativa que corresponde à sequência correta:

a) V, V, F, V.
b) F, F, V, V.
c) F, F, V, F.
d) F, V, F, V.

5. É correto afirmar que a ressignificação dos conteúdos das artes visuais deve considerar:
a) as artes visuais como produto social e histórico.
b) as artes visuais como uma linguagem da arte sem especificidades em sua concepção.
c) o valor da cultura erudita.
d) a tradição da arte europeia e a valorização da técnica.

Atividades de aprendizagem

Questões para reflexão

1. Quais as contribuições da arte formalista e da abordagem triangular para o ensino das artes visuais?

2. Por se tratar de conteúdo de grande subjetividade, a arte como disciplina ou área do conhecimento escolar pode contribuir para o conhecimento e o desenvolvimento da consciência humana nos alunos. Qual a relação entre essa afirmação e as mudanças da arte como área de conhecimento?

Atividades aplicadas: prática

1. Entreviste três professores de Arte, preferencialmente de idades diferentes, e faça a seguinte pergunta: O que é Arte e qual é sua importância no processo de ensino e aprendizagem? Anote as respostas e elabore um texto em que você relacione as opiniões dos entrevistados com as concepções essencialista e contextualista da Arte.

Legislação e políticas públicas para o ensino de artes visuais no Brasil

Neste capítulo, trataremos das principais legislações que regulamentam o ensino das artes visuais no Brasil, bem como da organização dessa linguagem visual em modalidades de ensino previstas na Lei de Diretrizes e Bases da Educação Nacional (LDBEN). Abordaremos, também, aspectos apontados pelas Diretrizes para o Ensino das Artes Visuais. O principal objetivo é conhecer a estrutura e a organização do ensino de artes visuais e entender as especificidades dessa organização na educação de jovens e adultos (EJA) e nos contextos de educação a distância (EaD).

2.1 Diretrizes

A Resolução n. 1, de 16 de janeiro de 2009, do Conselho Nacional de Educação, que aprova as Diretrizes Curriculares Nacionais do curso de graduação em Artes Visuais, estabelece as normas para a organização do curso de formação de artistas visuais no país, abrangendo o perfil do formando: "as competências e habilidades, os componentes curriculares, o trabalho de curso, o projeto de iniciação científica, o estágio curricular supervisionado, as atividades complementares, o sistema de avaliação, além do regime acadêmico de oferta e de outros aspectos relevantes" (Brasil, 2009).

Assim, as diretrizes são o norte, ou seja, o objetivo a ser atingido no que se refere ao desenvolvimento de todos os alunos. No caso das artes visuais, a Resolução n. 1/2009 assim estabelece em seu art. 5º:

> Art. 5º O curso de graduação em Artes Visuais deve desenvolver o perfil do planejado para o egresso a partir dos seguintes tópicos de estudos ou de conteúdos interligados:
>
> I – nível básico: estudos de fundamentação teórico-práticos relativos à especificidade da percepção, criação e reflexão sobre o fenômeno visual;
>
> II – nível de desenvolvimento: estudos e processos de interação com outras áreas do conhecimento, tais como filosofia, estética, sociologia, comunicação e teorias do conhecimento, com o objetivo de fazer emergir e amadurecer a linguagem pessoal do formando através da elaboração e execução de seus projetos;
>
> III – nível de aprofundamento: desenvolvimento do trabalho do formando sob orientação de um professor, buscando vínculos de qualificação técnica e conceitual compatíveis com a realidade mais ampla no contexto da arte. (Brasil, 2009)

Além das especificidades do perfil de formandos em Artes Visuais, as diretrizes apontam caminhos relacionados à organização curricular e aos conteúdos, que "devem considerar o fenômeno visual a partir de seus processos de instauração, transmissão e recepção, aliando a práxis à reflexão crítico-conceitual e admitindo-se diferentes aspectos: históricos, educacionais, sociológicos, psicológicos, filosóficos e tecnológicos" (Brasil, 2009, art. 5º, parágrafo único).

Toda preocupação com a formação inicial do profissional de artes visuais é para que ele esteja inserido na perspectiva apontada por Gramsci: **atelier-biblioteca-oficina**, que considera a escola como espaço de conhecimentos no qual, concomitantemente, ocorrem as formações humanista e tecnológica (Gomes; Souza; Rabello, 2015).

Essa formação é voltada para a arte do conhecimento e necessita de um processo de mediação entre a arte e o público. Assim, as diretrizes definem como meta a formação de um perfil que seja mediador entre os seres humanos, o mundo e a arte que o representa.

2.2 Ensino na atualidade

Vivemos em uma sociedade plenamente imagética. Os conteúdos das artes são determinados e ressignificados com base no perfil exigido para o aluno contemporâneo, que estabelece relações de produção e participa de outras, sociais e dinâmicas.

Essas relações de produção trazem inúmeras oportunidades para o campo das imagens. Podemos questionar: O que é arte? Qual é o sentido de estudar arte? Quais são as contribuições da arte e de seu estudo para nossas vidas? As respostas a essas perguntas esclarecem que a experiência estética é uma dimensão fundamental do ser humano. No campo das visualidades, temos presentes as imagens fixas e em movimento das novas linguagens com dimensões artísticas, que são a fotografia, a televisão, o cinema, o vídeo e os grafismos computadorizados.

Em artes visuais, precisamos tratar das mudanças no ensino das artes e elas ocorrem em diferentes âmbitos (legais, metodologias e fundamentos), requerendo esforços para promover o desenvolvimento cultural dos alunos.

Iniciando essas discussões pelas mudanças legais, a LDBEN, em seu art. 26, parágrafo 2º, estabelece que o "ensino da arte, especialmente em suas expressões regionais, constituirá componente curricular obrigatório da educação básica" (Brasil, 1996). Assim, a arte assume um caráter obrigatório e, ainda, o *status* de área do conhecimento.

Na sequência dessa lei, houve a publicação dos Parâmetros Curriculares Nacionais (PCN), que inscrevem as artes visuais como visualidades que vão "além das formas tradicionais – pintura, escultura, desenho, gravura, arquitetura, objetos, cerâmica, cestaria, entalhe –, incluem outras modalidades que resultam dos avanços tecnológicos e transformações estéticas do século XX: fotografia, moda, artes gráficas, cinema, televisão, vídeo, computação, performance, holografia, desenho industrial, arte em computador" (Brasil, 1998c, p. 63).

Os PCN ainda estabelecem que o trabalho com as artes visuais deve ser "continuamente informado sobre os conteúdos e experiências relacionados aos materiais, às técnicas e às formas visuais de diversos momentos da história, inclusive contemporâneos" (Brasil, 1997, p. 45).

Com essas regulamentações e mudanças, surge a necessidade de pensar na formação do profissional responsável pela condução de um processo de aprendizagem com técnicas, procedimentos, informações históricas, produtores, relações culturais e sociais. O desenvolvimento de tais processos dá suporte às representações (conceitos ou teorias) dos alunos. Assim, a legislação é publicada com o objetivo de tratar do perfil profissional, da organização curricular e dos conteúdos a serem trabalhados, a fim de inserir as artes visuais na educação básica, considerando as demandas da cultura visual em geral.

Tendo em vista que as demandas da sociedade exigem aspectos conceituais específicos no trato e no ensino da arte, deve haver a valorização dos conhecimentos específicos de cada linguagem. Isso aumenta a exigência da presença do professor especialista em, por exemplo, artes visuais, teatro, música e dança.

2.3 Conteúdo obrigatório no ensino fundamental

O compromisso com o ensino da arte em um projeto educacional que prioriza a sociedade e a atuação do homem no mundo em que vive visa a reformulações qualitativas na escola e necessita de uma reestruturação no saber docente para a competência do trabalho pedagógico. Isso significa dizer que o professor de Arte precisa saber arte e também saber ser professor.

Os PCN de Artes (Brasil, 1997) foram elaborados para dispor sobre os critérios das artes em todas as suas linguagens (artes visuais, teatro, dança e música) de maneira mais abrangente para os ciclos do ensino fundamental. As artes visuais foram propostas com uma dimensão ampla, tratando de pintura, desenho, escultura, artes gráficas, cinema, vídeo, fotografia e novas tecnologias. Para o desenvolvimento dos conteúdos no processo escolar, trabalha-se com os três eixos norteadores: **produzir,**

apreciar e **contextualizar**. Assim, as aulas dessa disciplina contemplam tais eixos apoiados nos objetivos de compreender como a arte é constituída, criar e inventar novas realidades e pensar a produção artística presente na realidade da sociedade, da escola e do educando.

Com as atividades de apreciação, os alunos desenvolvem habilidades por meio da observação. Também aprendem a acessar fontes de informação sobre obras de arte disponíveis em vários locais e suportes.

A Figura 2.1 pode ser utilizada para exemplificar um momento de apreciação e de produção com os alunos do ensino fundamental.

As máscaras africanas marcam tribos, culturas, história e festividades. Os grupos étnicos usam diferentes máscaras, e a mesma máscara serve para diversos fins. Com a apreciação, os alunos podem entender algumas representações de grupos até então desconhecidos e produzir objetos semelhantes que retratem a própria cultura.

Na sequência de imagens (Figuras 2.2 a 2.6), oferecemos um exemplo de atividade de **apreciação** artística que pode ser realizada com o ensino fundamental em Artes Visuais.

Figura 2.1 – Máscaras tribais africanas com detalhes étnicos

Viscious-Speed/Pixabay

Essas atividades contemplam cinco aulas e podem ser realizadas de maneira que os alunos aprendam a investigar sobre o uso de diferentes máscaras em várias épocas e culturas e produzir máscaras com materiais alternativos, além de utilizarem diferentes fontes de pesquisa.

O professor deve introduzir o tema com um texto de estudo de sua preferência, contemplando a história das máscaras. Alguns aspectos importantes do texto são as informações de que, ao longo da

Figura 2.2 – Máscara de "barba" do povo Kuba da RD Congo

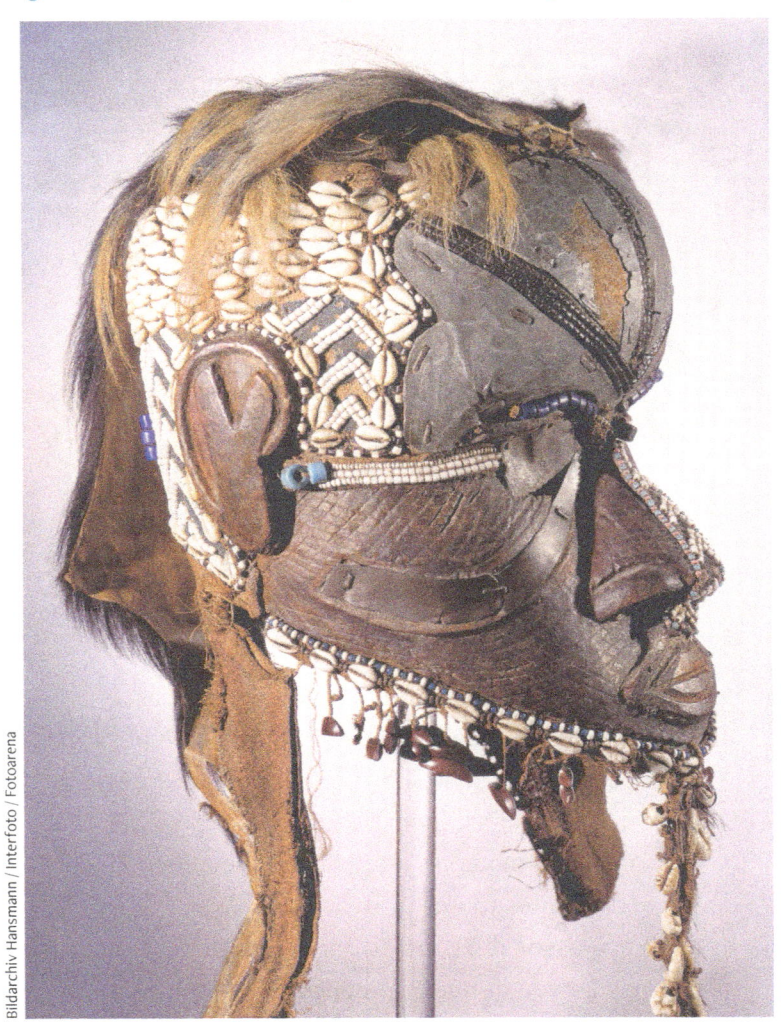

história, as máscaras foram utilizadas para os mais diversos fins e em variadas culturas. Em algumas situações, ornamentavam os mortos – caracterizando a acessibilidade às dimensões espirituais e vida às narrativas. Em outras épocas ou civilizações, elas estavam presentes em diversos festejos. Essa sequência de imagens seria mais bem assimilada por meio de imagens projetadas. Assim, levar os alunos para a sala de informática seria uma boa opção.

A máscara mostrada na Figura 2.2 representa Woot, o primeiro governante real do povo Kuba, rei fundador que pertence à República Democrática do Congo. Essa máscara é conhecida como *Mwaash aMbooy* e foi confeccionada em madeira, couro, tecido, conchas e contas. A representação do antepassado desse povo é feita porque, além de os Kuba terem por hábito confeccionar máscaras ancestrais, eles utilizam essas máscaras como parte de um ritual. Quando uma pessoa usa uma máscara, ela assume a entidade que a máscara representa, transformando-se no espírito evocado pela própria máscara. Assim, a figura representada é do rei fundador de Kuba, e a máscara, nos dias atuais, é usada para homenagear essa importante figura. Além disso, é uma forma de trazer o rei de volta, em espírito, para derrotar obstáculos e ligar o próprio reinado aos reis ancestrais.

A máscara apresentada na Figura 2.3 é uma simbologia para o povo egípcio. Trata-se da máscara de Tutancâmon, feita em ouro e pedras preciosas e semipreciosas. É considerada uma das mais importantes obras de arte oriundas dos sítios arqueológicos da Antiguidade e foi produzida com esses materiais porque, conforme a crença egípcia antiga, a pele dos faraós era feita de ouro, e seus cabelos, de lápis-lazúli. Ainda, havia uma urna mortuária, transmitindo uma mensagem divina. Essa é a representação da cultura de um povo por meio das máscaras e, nesse caso, a mortuária representa a importância da figura do faraó. A máscara era utilizada

Figura 2.3 – Máscara funerária que cobria o rosto da múmia de Tutancâmon, 1324 a.C.

na cerimônia fúnebre de uma pessoa. No caso de pessoas comuns, a máscara era confeccionada em gesso ou cera. No caso dos faraós, em ouro e pedras, como dissemos.

A máscara mostrada na Figurta 2.4 é do povo maia, feita em mosaico de pedra jadeíta. Acredita-se que as máscaras, para os povos maias, incas e astecas, tenham o mesmo significado que para os povos egípcios (cobrir os rostos dos mortos, que eram cuidadosamente vestidos para a passagem). Assim como os egípcios aplicavam ouro na confecção das máscaras dos faraós, cera e gesso para as pessoas comuns, as culturas andinas antigas utilizavam ouro para pessoas importantes (um morto poderoso ou de *status* elevado), pedra para pessoas de média importância e terracota para as pessoas comuns (Máscaras..., 2013).

Figura 2.4 – Máscara maia em mosaico de turquesa, jadeíta, osso e madeira, séc. XV ou XVI

O professor pode selecionar outras máscaras, que retratem várias culturas, como indígenas, da comédia grega, do carnaval no Brasil, do carnaval em Veneza, da *commedia dell'arte* no século XVI. Após a exposição das máscaras, os alunos pesquisam o tema solicitado pelo professor em diferentes fontes (revistas, livros/internet).

Na segunda etapa, os alunos apresentam os resultados de suas pesquisas.

Em uma terceira aula, o momento é de **produzir**. Assim, o professor solicita aos alunos que confeccionem as próprias máscaras em técnica de papietagem com utilização de balões, jornais, tesoura, cola e tintas. Com os moldes secos, eles realizam os acabamentos, atentando para as funções da máscara escolhida por eles (festiva, religiosa, assustadora ou teatral). Como sugestão de materiais podem ser usados retalhos de tecidos, miçangas, papel colorido, sementes e terra.

Observe a Figura 2.5, que exemplifica a aplicação dessa técnica em sala de aula.

Em uma próxima aula, com as máscaras prontas e secas, o professor orienta os alunos a elaborar um pequeno texto explicando a função da máscara que criaram. Podem usar a imaginação inventando povos, culturas, países imaginários, ou falar sobre a cultura existente escolhida para representar. Professor e alunos podem montar um pequeno museu na escola e organizar uma exposição de máscaras africanas.

Figura 2.5 – Preparação da base da máscara em papietagem

Ian Dyball/Shutterstock

Observe a Figura 2.6, que demonstra a utilização das máscaras produzidas pelos alunos em uma exposição de visitação pública, onde os membros da comunidade podem apreciar as produções. No caso da imagem disponibilizada, a autora expôs as máscaras para a comunidade socioeducativa. Era possível que as famílias dos adolescentes internos apreciassem as produções, bem como os membros do Ministério Público da Vara da Infância e também da Delegacia do Adolescente que compunham a comunidade socioeducativa.

Figura 2.6 – Exposição de máscaras africanas para a comunidade como sugestão de finalização de trabalhos

2.4 Formação de professores à luz da legislação

Quando refletimos sobre a formação de professores de Artes Visuais, é preciso lembrar que a docência exige prática artística, em razão das mudanças estabelecidas pela legislação atual, que tornou a Arte uma disciplina da matriz curricular.

As especificidades da disciplina como área do conhecimento demandam a articulação entre o conhecimento teórico e o prático e encontram baliza em leis e resoluções que se embasam na LDBEN (Lei n. 9.394/1996).

Inicialmente, as resoluções decorrentes da LDBEN impulsionaram as reformulações nas licenciaturas e novos cursos foram criados, com uma perspectiva de formação em dimensões técnicas e políticas como condições indispensáveis ao exercício da profissão. Essas licenciaturas passaram a enfatizar que a prática e o campo profissional devem ser prescritos no currículo previsto com todas as suas determinações. Na sequência, com a Resolução CNE n. 2, de 19 de fevereiro de 2002, relativamente à prática curricular do cursista, foram estabelecidas 400 horas de prática, vivenciadas ao longo do curso, instituindo "a duração e a carga horária dos cursos de licenciatura, de graduação plena, de formação de professores da Educação Básica em nível superior" (Brasil, 2002b). Já a Resolução CNE n. 1, de 18 de fevereiro de 2002, estabelece que "A prática será desenvolvida com ênfase nos procedimentos de observação e reflexão visando à atuação em situações contextualizadas, com o registro dessas observações realizadas e a resolução de situações-problema" (Brasil, 2002a), de maneira a inserir os profissionais na realidade escolar com competências sociais, políticas, culturais e estéticas para atuação.

De acordo com a legislação, entende-se que o profissional egresso dos cursos de Artes Visuais não precisa ser um artista, mas deve trabalhar com materiais e suportes diferenciados, construindo com os alunos o processo de criação por meio trabalho de exploração. Isso garante ao profissional adquirir competências sociais, políticas, culturais e estéticas para atuar na escola, de acordo com as diretrizes de formação docente.

É nessa perspectiva que foram aprovadas as Diretrizes Curriculares Nacionais do curso de Graduação em Artes Visuais pela Resolução CNE n. 1, de 16 de janeiro de 2009 (Brasil, 2009), e as demais linguagens: música, teatro, dança e *design*, pelo Parecer CNE n. 195/2003 (Brasil, 2004). Essas normativas orientam, então, a formação dos professores de Arte no país e devem ser seguidas pelas instituições de ensino superior. Assim, a perspectiva do trabalho com a arte escolar direciona a formação profissional para a especificidade, visando combater a polivalência anteriormente aclamada para o ensino da Educação Artística, questão que, mesmo com o suporte da lei, ainda não foi resolvida.

Para os professores de Artes Visuais, trabalhar a arte como conhecimento significa trabalhar em uma construção constante para além do domínio conceitual, artístico e histórico. A teoria e a prática artística e estética devem estar conectadas com uma concepção de arte que privilegie as competências sociais, políticas, culturais e estéticas, além de estar atreladas a propostas pedagógicas consistentes. Você deve estar se perguntando: O que significa ser professor de Artes Visuais nessa conjuntura? Em síntese, é saber arte para ser professor de Arte, mostrando aos alunos os aspectos culturais mais significativos nas mais variadas manifestações.

Dessa maneira, o professor precisa entender que a arte é produto de um contexto amplo e deve ser associada aos saberes históricos, políticos, econômicos e socioculturais. Professores, alunos e pais estão inseridos como sujeitos nesse processo. Em resumo, o professor, em sua formação inicial ou continuada, necessita ter compreensão de que o ensino da arte contempla as dimensões históricas e teóricas dessa área do conhecimento e apresenta grandes possibilidades de mudanças relevantes na sociedade em que atua.

2.5 Formação de professores em contextos a distância

Antes de abordar o tema da formação de professores de arte em contextos a distância, vamos caracterizar essa modalidade de ensino para entender um pouco esse campo de formação docente. García Aretio e Castillo Arredondo (1996, p. 10, tradução nossa), ao definirem EaD, enfatizam "seu caráter bidirecional de comunicação, que é necessário para o desenvolvimento desses cursos". Quanto a esse aspecto, afirmam:

> O ensino a distância é um sistema tecnológico de comunicação bidirecional, que pode ser de massa e que substitui a interação pessoal entre professor e aluno na sala de aula, como meio preferencial do ensino, pela ação sistemática e conjunta de diversos recursos didáticos e pelo apoio de uma organização e tutoria que propiciam a aprendizagem autônoma dos estudantes. (García Aretio; Castillo Arredondo, 1996, p. 10, tradução nossa)

O Decreto n. 2.494, de 10 de fevereiro de 1998, regulamentava esses cursos e já conceituava essa modalidade como uma forma de ensino que possibilita a autoaprendizagem, por meio da mediação de recursos didáticos sistematicamente organizados e apresentados em diferentes suportes de informação, que podem ser utilizados isoladamente ou combinados e veiculados pelos diversos meios de comunicação (Brasil, 1998a).

Isso implica dizer que a formação docente prevista nos cursos de graduação a distância deve ter a mediação de um tutor, em processo de interatividade entre este e os estudantes mediante uma relação dialógica.

Posteriormente, o Decreto n. 5.622, de 19 de dezembro de 2005, revogou o Decreto n. 2.494/1998, passando a conceituar o EaD como uma modalidade educacional na qual "a mediação didático-pedagógica nos processos de ensino e aprendizagem ocorre com a utilização de meios e tecnologias de informação e comunicação, com estudantes e professores desenvolvendo atividades educativas em lugares ou tempos diversos" (Brasil, 2005a).

Assim, constatamos que a modalidade EaD tem seu lugar garantido na legislação brasileira, e os cursos, embora tenham diferenças conceituais em seus projetos pedagógicos, contam com a mesma preocupação com a formação docente de qualidade para atuar na educação básica.

2.5.1 Diferentes organizações da modalidade a distância

Entre as organizações do sistema de ensino, na modalidade presencial, professores e alunos se reúnem ao mesmo tempo e no mesmo local. A modalidade a distância, segundo a definição do Ministério da Educação, é aquela na qual alunos e professores estão separados, física ou temporalmente, e, por isso, é preciso utilizar meios e tecnologias de informação e comunicação (TICs) (Brasil, 2019).

Na modalidade a distância, quando o professor e os alunos interagem em tempo real, essa organização é conhecida como *síncrona*. Nela, existe o senso de comunidade, que favorece a comunicação e a solução de dúvidas. Nessa organização síncrona, há prazos para a conclusão de cada fase do curso, de modo que ações são previstas para que o aluno cumpra com os conteúdos até o final da etapa programada. Entre essas ações, estão incluídas as sessões de videoconferências ou videoaulas em tempo real, atividades com prazos estabelecidos para a conclusão e a data-limite para o final do curso.

Na organização assíncrona, alunos e professor não necessitam estar ao mesmo tempo em interação. Não é necessário que os alunos participem das sessões de aulas, podendo realizar as atividades em seu tempo disponível. Os vídeos são gravados, leituras complementares são disponibilizadas e as atividades previstas, muitas vezes, podem não ter data-limite para ser postadas. Esse formato de organização assíncrona geralmente é utilizado em situações de cursos livres, que têm caráter não formal.

Você ainda tem dúvidas quanto a isso? Então, vamos sintetizar. Dissemos que **síncrono** é o modelo em que professor e alunos estão em aula ao mesmo tempo, utilizando vários recursos tecnológicos (*chat*, videoconferência, webconferência, etc.). Isso significa que, pela internet, o professor ministra a aula e os alunos assistem a ela ao mesmo tempo. Esse é o modelo que mais se aproxima da modalidade presencial, não é mesmo? Ainda com a vantagem da tecnologia, que flexibiliza o tempo, o desenvolvimento e a atualização dos conteúdos.

No modelo **assíncrono**, o tempo é mais flexível, uma vez que, nessa organização, professor e alunos não estão conectados ao mesmo tempo, e as respostas e as interferências não acontecem simultaneamente. As ferramentas assíncronas podem ser os fóruns e os *e-mails*, que permitem tutor e alunos interagir em tempos diferentes.

2.5.2 Organização pedagógica da graduação

Pensando na formação docente para as Artes Visuais, vamos nos ater aos fundamentos da licenciatura, tendo em vista que o caminho da graduação objetiva formar o artista-professor habilitado para a pesquisa e o ensino das artes visuais, de maneira que sua formação contemple o desenvolvimento da percepção, da reflexão e do potencial criativo na especificidade do pensamento visual.

Então, para formar esse profissional, como deve ser a organização pedagógica?

Já verificamos que a LDBEN e os PCN definiram que as artes visuais ganham um espaço próprio no ambiente escolar. Dessa maneira, o curso de Artes Visuais deve reafirmar o espaço científico e pedagógico dessa linguagem artística, atendendo às exigências das políticas educacionais da atualidade e assumindo o papel de arte para o conhecimento. Os profissionais egressos desses cursos, ao entrarem em atuação docente, estarão atentos às dinâmicas sociais, estéticas, éticas e epistemológicas no contexto contemporâneo da docência.

Contudo, esse preceito legal da organização dos cursos deve ser o mesmo para a modalidade presencial e para a modalidade a distância. O que, então, justifica a oferta de cursos a distância? A resposta a essa questão está na profunda transformação pela qual a sociedade passa com as mudanças no processo de produção, nas relações socioculturais e na comunicação, que redefiniram a função social da educação. Isso implica mudança no processo de formação de profissionais de um modo geral e, mais especificamente, na formação docente. As transformações tecnológicas e científicas exigem uma nova forma de conhecimento, ressignificando o ensino superior, seus espaços e seus tempos de transmissão. Nessa perspectiva, o EaD amplia o acesso a esse nível da educação como meio de democratizar o conhecimento e, ao mesmo tempo, expandir as oportunidades de trabalho e de aprendizagem.

É nesse sentido que o projeto pedagógico dos cursos de Artes Visuais deve preocupar-se com o perfil do egresso. Na licenciatura, o profissional atuará como professor em instituições de ensino particulares e públicas das redes federal, estadual e municipal, na educação infantil, no ensino fundamental e no ensino médio. O egresso poderá atuar também tanto em espaços de educação não formal (museus, centros culturais, galeria de arte, órgãos públicos ou privados) quanto de forma autônoma, em ateliês e em outros locais possíveis.

2.5.3 Formação docente em contextos a distância

Implementar um programa de EaD impõe desafios às instituições de ensino superior, pois exige estrutura diferenciada, que vai desde a dimensão física, passando pela dimensão pessoal, na preocupação com os recursos humanos, até os materiais instrucionais a serem utilizados nos cursos, que devem ser organizados em diferentes suportes de informação.

Como deve ser o aluno de Artes Visuais no contexto a distância? Esse aluno será aquele que constrói o conhecimento, desenvolvendo competências e habilidades referentes à profissão docente e à própria vida no tempo e no local que lhe são adequados.

Nesse processo de aprendizagem, ele não conta com a mediação de professores (tutores ou orientadores) como nas aulas convencionais da modalidade presencial, mas com o apoio de plataformas digitais e materiais diferenciados.

O tutor presta informações acadêmicas e orienta os estudantes da modalidade a distância a respeito do curso e da profissão, incentivando-os a participar das atividades de aprendizagem e a ter atitude proativa para efetivar seu sucesso escolar. Seu propósito de atuação é, portanto, propiciar ao aluno um ambiente de aprendizagem personalizado, capaz de satisfazer às necessidades educativas.

Para o aluno da modalidade a distância, tanto o material didático quanto o professor tutor são relevantes durante o curso, pois possibilitam o estímulo da autonomia e da criticidade, formando um profissional responsável pela transmissão de conteúdos distribuídos pelas áreas de produção artística, estética, crítica e história da arte. Além disso, há de se considerar as transformações científicas, tecnológicas e políticas, incluindo as formas de transmissão de conhecimento e a profusão de novas linguagens.

O material didático deve suprir a falta do professor, fazendo com que o aluno reflita sobre a operacionalização e o uso dos conceitos e das relações aprendidas.

Para finalizar a discussão sobre a organização dos cursos de graduação em Artes Visuais, vale ressaltar que a autonomia das universidades permite a elas ter uma grade curricular com diversidade de desdobramentos de disciplinas, mas que deve considerar cinco dimensões essenciais: artísticas, culturais, sociais, científicas e tecnológicas. Essas dimensões são as mesmas para as modalidades presenciais e a distância, diferenciando-se quanto à abordagem das discussões e aos perfis do tutor e do aluno.

Apesar das diferenças de organização entre ensino presencial e a distância, ambos seguem as diretrizes curriculares e requerem que as ações dos cursos fomentem as relações entre Arte e Educação e que, por meio "da aquisição de conhecimentos específicos de metodologias de ensino na área, o licenciado acione um processo multiplicador ao exercício da sensibilidade artística" (Brasil, 2008, p. 4).

Síntese

Por intermédio da análise da legislação que orienta a organização do ensino de artes visuais, foi possível compreender como se estrutura a organização desse ensino na EJA e no EaD. O trabalho com a cultura visual perfaz-se em uma constante da prática pedagógica dos professores, considerando aspectos técnicos, criativos e simbólicos em artes visuais e suas interconexões com as demais linguagens. Além disso, examinamos as competências e as habilidades necessárias à atuação profissional nos diferentes espaços e as especificidades da proposta de formação docente em artes visuais, o que permitiu conceituar a formação para a produção, a pesquisa e a crítica. Por fim, tratamos das diferenças e das similaridades entre os contextos de formação docente presenciais e a distância no ensino das artes visuais.

Indicações culturais

BRASIL. Ministério da Educação. **Portal do professor**. Disponível em: <http://portal.mec.gov.br/portal-do-professor>. Acesso em: 13 jul. 2018.

> Acesse o *Portal do professor* e conheça um espaço para a troca de experiências entre professores. Além disso, o *site* disponibiliza recursos educacionais que facilitam o dia a dia do docente. Há também informações atualizadas sobre os cursos de capacitação oferecidos em municípios e estados e na área federal e sobre a legislação específica.

LARAIA, R. de B. **Cultura**: um conceito antropológico. Rio de Janeiro: Zahar, 1986.

> O livro trata do conceito antropológico de cultura, o que permite ao leitor conhecer e entender o paradoxo da enorme diversidade cultural existente no planeta.

Atividades de autoavaliação

1. Sobre as Diretrizes das Artes Visuais (Brasil, 2009), assinale a alternativa correta:
   a) Trata-se do caminho a ser percorrido nos cursos de graduação para desenvolver o perfil planejado para o egresso.
   b) Aplicam-se apenas à educação básica.
   c) É o caminho que o aluno estabelece sobre sua aprendizagem, independentemente do professor.
   d) Estabelecem, na proposta pedagógica, o fazer artístico e o conhecimento erudito.

2. Leia o teor do parágrafo 2º do art. 26 da LDBEN: "O ensino da arte, especialmente em suas expressões regionais, constituirá componente curricular obrigatório da educação básica" (Brasil, 1996). Com base nesse texto, assinale a alternativa correta:
   a) O ensino da arte, a partir dessa lei, será constituído de meras atividades artísticas.
   b) A arte trabalhará com os conhecimentos técnicos voltados ao desenho geométrico.

c) O ensino da Arte passa a ser considerado obrigatório e adquire o *status* de área do conhecimento.
d) Esse dispositivo legal considera a realidade social das classes abastadas e o discurso científico.

3. Sobre a proposta de artes visuais como linguagem obrigatória no ensino fundamental, analise as afirmativas a seguir e indique V para as verdadeiras e F para as falsas.

    ( ) Cria realidades e pensa a produção artística presente na realidade da sociedade, da escola e do educando.
    ( ) Apresenta conteúdos que privilegiam a técnica e os exercícios de fixação.
    ( ) Com as atividades de apreciação, os alunos desenvolvem habilidades apreciativas por meio do olhar e da observação.
    ( ) Considera que o cotidiano é absorvido independentemente da linguagem artística trabalhada.

    Agora, assinale a alternativa que corresponde à sequência correta:

    a) V, F, V, F.
    b) F, V, F, V.
    c) V, V, F, V.
    d) V, V, F, F.

4. Os documentos que regulamentam o ensino da Arte nas escolas estabelecem, para a prática pedagógica, diversos elementos a serem englobados, tais como as mobilizações sociais, as preocupações pedagógicas, os aspectos filosóficos a respeito de ensino e aprendizagem, entre outros. No ensino de artes visuais, é correto afirmar que, além desses elementos, há também as preocupações com os aspectos:
    a) de cálculo e perspectiva.
    b) científicos e históricos.
    c) artísticos e estéticos.
    d) exatos e históricos.

5. Analise as afirmativas a seguir e indique V para as verdadeiras F para as falsas.

   ( ) Implementar um programa de EaD impõe desafios às instituições de ensino superior, pois exige estrutura diferenciada em relação ao programa de ensino presencial.

   ( ) A organização do programa de educação a distância em artes visuais não apresenta diferenças se comparada ao programa de ensino presencial.

   ( ) Os cursos de graduação presenciais não necessitam da mediação do professor, como ocorre na graduação a distância.

   ( ) Os cursos de graduação devem se organizar em cinco dimensões: artísticas, culturais, sociais, científicas e tecnológicas.

   Agora, assinale a alternativa que corresponde à sequência correta:

   a) V, V, F, F.
   b) V, F, F, V.
   c) F, F, V, V.
   d) F, V, F, V.

Atividades de aprendizagem

Questões para reflexão

1. Relacione as mudanças ocorridas no ensino das artes visuais com a publicação das Diretrizes Curriculares para o Ensino da Arte (Paraná, 2008).

2. Reflita sobre a seguinte afirmação: Os PCN consideram que o trabalho coletivo em sala de aula tem melhores resultados que aqueles realizados individualmente nas atividades de expressão.

Atividades aplicadas: prática

1. Selecione um conteúdo de ensino e, seguindo os eixos **produzir, apreciar** e **contextualizar** da abordagem triangular, organize um plano de aula para ser aplicado no ensino fundamental.

2. Leia o trecho a seguir.

   > O professor no ambiente virtual pauta suas ações no acompanhamento investigativo do processo de aprendizagem dos alunos e na sua intencionalidade pedagógica para fazer as intervenções necessárias, recriando novas estratégias didáticas, desafiando cognitivamente e apoiando emocionalmente os alunos na busca de superações e de novos patamares de aprendizagem (Prado; Almeida, 2009, p. 67).

   Agora, sintetize as ideias de Prado e Almeida nele apresentadas sobre a prática pedagógica do professor no ambiente virtual.

3

Fundamentos teóricos e históricos das artes visuais

Neste capítulo, abordaremos os fundamentos teóricos e históricos das artes visuais de maneira a reconhecer as especificidades dessa linguagem. Tendo sua identidade garantida com a publicação das legislações que tornaram o ensino da arte obrigatório, demonstraremos a importância desse campo do conhecimento para a formação cultural, a participação social e o acesso ao universo da arte em sua diversidade. Questões como a identidade das artes visuais e suas manifestações, bem como as tendências pedagógicas que predominam no ensino, serão abordadas em primeiro plano.

3.1 Identidade das artes visuais como linguagem artística

Para tratar das especificidades das artes visuais, vamos estabelecer a identidade dessa linguagem e seus pressupostos curriculares.

Uma das definições mais comuns para as artes visuais é a de que são as artes que necessitam da visão como um meio principal de apreciação. Ainda, de acordo com os Parâmetros Curriculares Nacionais (PCN),

> além das formas tradicionais (pintura, escultura, desenho, gravura, arquitetura, artefato, desenho industrial), incluem outras modalidades que resultam

> dos avanços tecnológicos e transformações estéticas a partir da modernidade (fotografia, artes gráficas, cinema, televisão, vídeo, computação e performance). (Brasil, 1997, p. 45)

Assim, atualmente, os professores de Arte trabalham com a visualidade, pois podem ser utilizadas de forma combinada entre imagens ou de modo individual.

O campo das artes visuais articula e materializa os fenômenos estéticos, dando-lhes a capacidade narrativa e de interação entre códigos que gravitam em torno da cultura humana. Essa materialização se faz pela imagem.

Os pressupostos curriculares do ensino dessa disciplina indicam o trabalho com a leitura de imagens na sala de aula. A concepção da atividade imagética abrange, antes, a função da interpretação da obra como um texto a ser lido. Trata-se de uma concepção mundial sobre o ensino das artes visuais desenvolvida desde 1992. No Brasil, começa a ser posta em prática com os estudos de Barbosa (1991), em sua metodologia triangular, e se efetiva nas escolas com a publicação dos PCN.

As artes visuais, então, se expandem e substituem as chamadas *artes plásticas*, terminologia utilizada de maneira indiscriminada no tratamento dado pela Lei n. 5.692, de 11 de agosto de 1971 (Brasil, 1971), e contemplada pela disciplina de Educação Artística, que era voltada para o trabalho com a manipulação de determinados materiais a fim de construir imagens ou formas de um momento histórico específico conforme alguma concepção estética. Esses trabalhos eram "meras" atividades artísticas.

A verdade é que, em artes visuais, deve haver prática pedagógica, com pressupostos estéticos, históricos e teóricos no trabalho com os conteúdos, além de preocupações político-sociais. No entanto, existem questionamentos que residem em saber se o termo engloba ou não os trabalhos sensoriais.

Você conhece a definição de **arte sensorial**? Sabe algo sobre esse assunto? Então, vamos discutir um pouco essa questão.

3.1.1 Artes sensoriais

As artes sensoriais consistem em um trabalho de exploração livre e dirigida de objetos e espaços projetados para esse fim, favorecendo a experiência de um ambiente transformável no momento presente, por meio de diferentes estímulos, provenientes do contato com esses objetos nos espaços vazios ou preenchidos, com movimentos, ritmos, densidades variadas, estímulos sonoros, olfativos e gustativos.

Embora sejam recentes os estudos sobre as artes sensoriais, a preocupação com o tema já havia sido abordada em 1939 por estudiosos como Viktor Lowenfeld e W. Lambert Britain (1977). Ele utilizou desenhos de crianças cegas para analisar o desenvolvimento da criatividade, de conceitos de forma e espaço e de representações mentais que essas crianças elaboravam. Podemos dizer que aí estão as origens dos desenhos em relevo[1] ou pranchas táteis utilizados no trabalho pedagógico com crianças não visuais.

A iniciativa de reconceituação de artes visuais para artes sensoriais permite aos artistas a expansão de sua criação, por exemplo, partindo do desenho até a realização de uma instalação. Destaca-se, no caso da docência, a maneira inclusiva de trabalhar conteúdos com crianças não videntes. As artes sensoriais também podem ser aplicadas às demais linguagens artísticas, considerando outras necessidades especiais.

Observe, na Figura 3.1, uma experiência de xilogravura sensorial com a utilização de embalagens de isopor. Embora essa técnica seja compreendida como xilogravura alternativa, a autora da proposta a emprega como uma das possibilidades de arte sensorial, tendo em vista que esse experimento já foi posto em prática com alunos de baixa visão ou mesmo cegos.

Ainda sobre a questão da identidade das artes visuais, há a preocupação com o desenvolvimento de temas transversais, como o meio ambiente, que pode ser trabalhado utilizando as artes sensoriais. O artista plástico Luiz Carlos Pereira Nakasone é um dos que se preocupam com uma arte sustentável, ratificando a importância da preservação do meio ambiente quando utiliza materiais reciclados em suas obras. Além disso, demonstra preocupação com a arte inclusiva ao inserir o relevo em suas criações.

---

1   Desenhos em relevo são feitos com a utilização de giz de cera em folha de sulfite 90, sendo esta sobreposta a folhas de EVA e alfinetes.

Figura 3.1 – Experiência com xilogravura sensorial

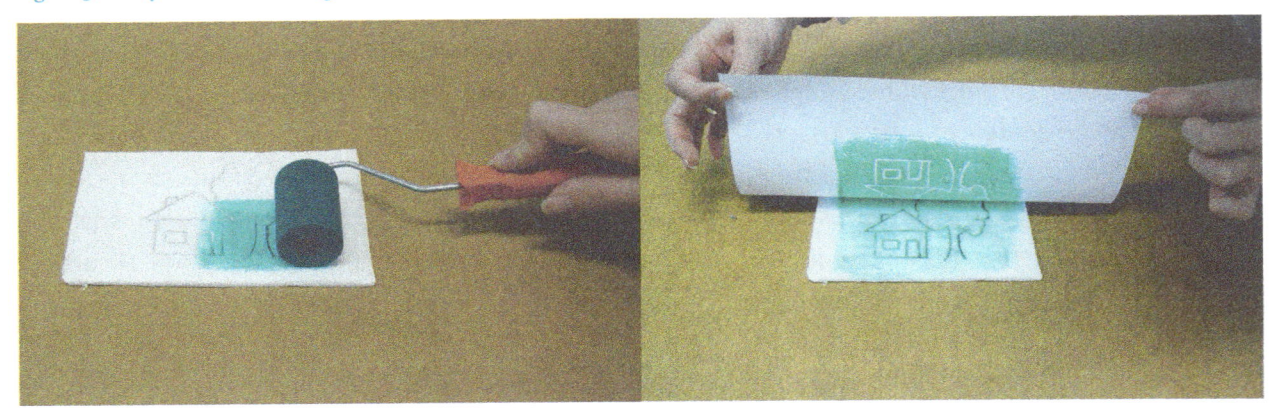

Figura 3.2 – *Juma*, de Luiz Nakasonie

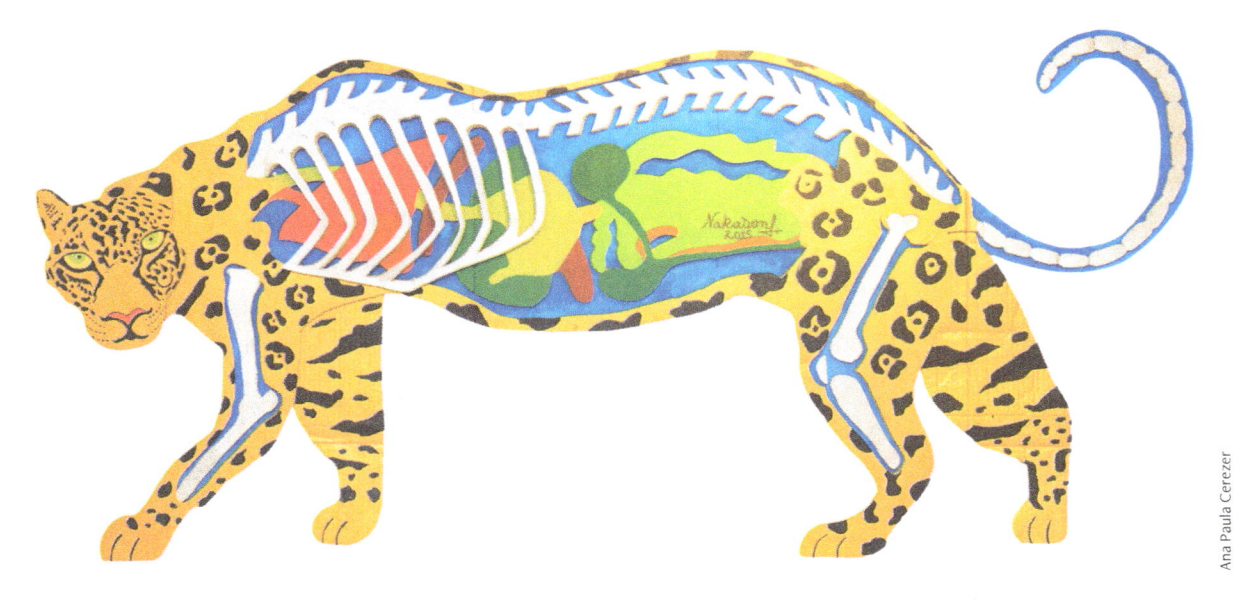

NAKASONI, L. **Juma**. 2015. Acrílica sobre papelão reciclado em camadas. 80 × 180 cm. Ecomuseu de Itaipu, Foz do Iguaçu, Brasil.

A estética tátil é uma das preocupações das artes visuais voltadas para a multissensorialidade e para as concepções de arte destinadas à educação inclusiva, desenvolvendo a competência de saber encontrar texturas, formas e tamanhos adequados ao momento do ensino (Ballestero-Alvarez, 2002).

3.1.2 Ciberarte

A Figura 3.3 é um exemplo de ciberarte, que diz respeito a um fazer artístico com a utilização do ciberespaço, ou seja, a informática fornece recursos que servem de suportes para a criação. No conceito de Domingues (2003, p. 95), "uma arte totalmente comportamental que envolve o corpo em ação". Portanto, trata-se de um tipo de arte que utiliza as interfaces, as mídias e a rede como suportes para a formação do que chamamos de *arte eletrônica* ou *ciberarte*.

Figura 3.3 – *Ciberarte*

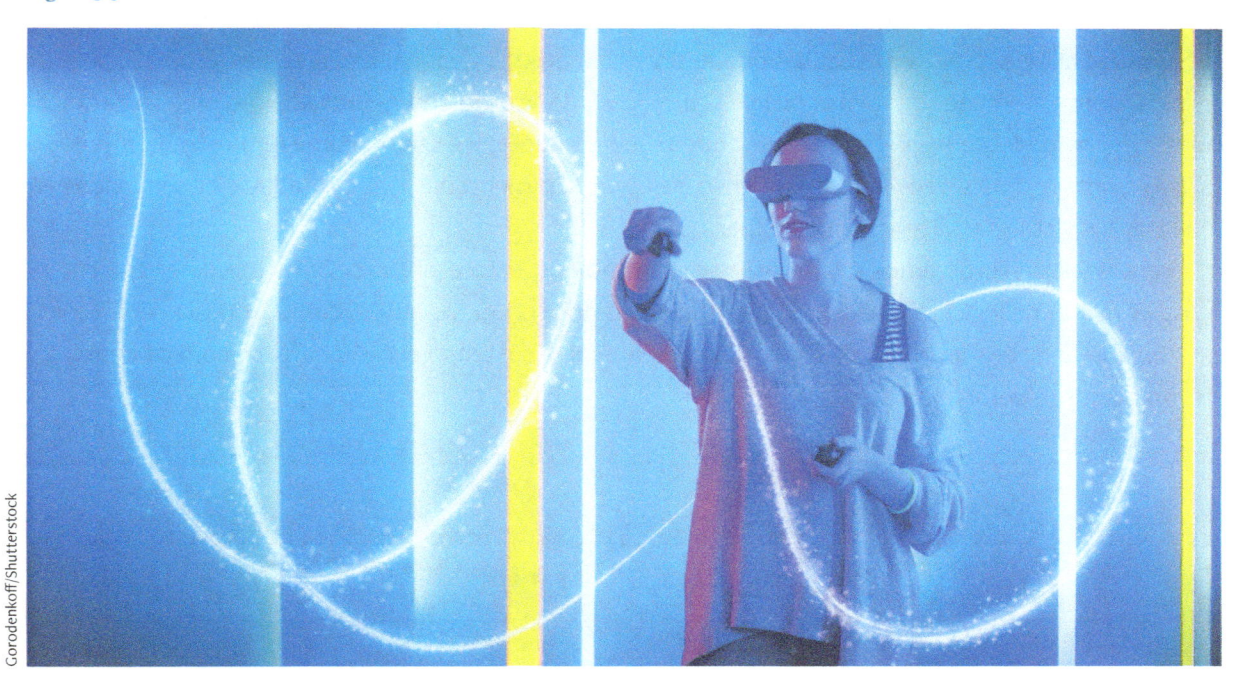

Trata-se de uma arte interativa, inserida no paradigma digital da chamada *civilização virtual*. São exemplos desse tipo de arte: vidoarte, robótica, escultura virtual, arte holográfica, poesias virtuais, exposições virtuais e tecno-body-arte.

Para que a ciberarte aconteça, é necessário estar no ciberespaço, que não existe fisicamente, mas apenas virtualmente em cada computador conectado a uma rede mundial, a internet.

Uma das principais características da ciberarte é o pastiche, que pode ser definido como uma obra de arte realizada num estilo artístico que imita a de outro trabalho, artista ou período, de maneira a manter os elementos do original. Vários exemplos de pastiche podem ser observados na internet. Um deles é a *Mona Lisa em Lego*, de Marco Pece[2].

Na obra de Pece, existe uma reestruturação respeitosa da obra original pintada em 1503 por Leonardo da Vinci. É um bom exemplo de pastiche, porque traz todos os elementos do original: cores no fundo, vestimenta da retratada e colocações, inclusive posição das mãos.

E como trabalhar a ciberarte na sala de aula? Com a utilização da informática (por exemplo, aplicativos em *smartphones*) e um bom projeto, inclusive interdisciplinar. O objetivo deve ser colocar o ensino das artes visuais, em sua identidade própria, como linguagem artística nesse novo contexto pós-moderno, nomeado *terceiro paradigma da imagem*, de acordo com Winfried Nöth e Lucia Santaella, também chamado de *pós-fotográfico*, em que o suporte para esse tipo de imagem é um computador aliado a uma tela de vídeo. No caso de Pece, as obras são montadas, fotografadas e disseminadas em exposições virtuais e não virtuais (Santaella, 2013).

Para finalizar, reforçamos que as artes visuais, no contexto escolar, devem considerar as proposições previstas na legislação nacional e as influências dos contextos atuais, como a preocupação com a arte inclusiva (arte sensorial), com o meio ambiente (arte sustentável ou ecoarte) e com os contextos tecnológicos (ciberarte).

---

[2] Artista italiano de Turim, que reconstruiu telas famosas com a utilização de peças de LEGO®.

3.2 Semelhanças e diferenças em ambientes formais e não formais de educação

Entendemos por *espaços formais de educação* aqueles que acontecem dentro das escolas, dos espaços institucionalizados, onde os alunos são organizados em turmas de acordo com etapas, períodos ou ciclos.

Os pressupostos estabelecidos pela Lei de Diretrizes e Bases da Educação Nacional (LDBEN – Lei n. 9.394, de 20 de dezembro de 1996) indicam que o ensino da arte no espaço escolar é uma atividade humana, mas, ao mesmo tempo, uma esfera do conhecimento, e o professor é o responsável pelo ensino da arte nesses espaços (Brasil, 1996).

Nos espaços institucionalizados, a arte deve ser encarada como uma disciplina dinâmica que se modifica e se ressignifica a todo instante, em suas mais variadas formas.

O professor de Arte, com a ressignificação constante da disciplina, torna-se um pesquisador, responsável por um ensino que abre caminhos para a reflexão, para a condução do aluno no mundo da arte, possibilitando a ele conhecer outras culturas e questionar fatos relacionados a seu cotidiano, por meio do pensar, do fazer e do refletir sobre a arte e sua cultura. O aluno poderá conhecer produtos artísticos locais, regionais, nacionais e até mundiais.

Os PCN (Brasil, 1997) determinam que a educação em artes visuais requer um trabalho continuamente informado sobre os conteúdos e as experiências relacionados aos materiais, às técnicas e às formas visuais de diversos momentos da história, inclusive contemporâneos, a serem desenvolvidos em ambientes formais ou não formais de educação.

Os ambientes **formais** de educação têm como objetivos principais a aprendizagem de conteúdos historicamente sistematizados e normatizados por leis. Além disso, buscam a formação do indivíduo, o desenvolvimento de habilidades e competências em conteúdos diversos e o preparo para a vida profissional.

Os espaços **não formais** de educação, por sua vez, podem ser teatros, fundações culturais, museus, parques, cinemas ou qualquer outro local que possibilite a interação com o espaço e oportunize o aprendizado coletivo.

A educação em espaços não formais é organizada de maneira mais flexível e diferente da realizada no espaço formal, pois não ocorre de maneira sistematizada por séries, idade ou conteúdo, mas fundamenta-se em aspectos subjetivos. Os espaços não formais são subdivididos em institucionalizados e não institucionalizados. Como espaços institucionalizados, temos museus, fundações culturais, jardim botânico, zoológico e organizações não governamentais, por exemplo. Os espaços não institucionalizados são as praças públicas, os parques ou qualquer outro que possa ser usado para a prática educativa e que dependa da criatividade do professor.

E como desenvolver as artes visuais em espaços não formais? Neles, a participação dos indivíduos é optativa, e o estímulo à aprendizagem é espontâneo, com as relações sociais se desenvolvendo conforme gostos e preferências. Assim, a educação nos espaços não formais não substitui a ofertada nos espaços formais, porém a construção do saber é sempre beneficiada quando se aliam as práticas pedagógicas de ambos os espaços, cada um com suas particularidades.

As propostas pedagógicas dos espaços formais estão embasadas na legislação pertinente à área educacional e na construção coletiva de ações com vistas à formação continuada de professores. Os espaços não formais, por sua vez, oferecem um processo educativo que acontece em locais sociais, imersos em outras realidades culturais. Assim, a educação não formal é um processo contínuo que dura a vida toda. Por ele, as pessoas adquirem e acumulam conhecimentos, habilidades e atitudes com experiências diárias na relação com o meio em que vivem.

Existem quatro critérios a serem analisados que aproximam ou diferenciam os contextos formais e os contextos informais de educação: a estrutura, a universalidade, a duração e a institucionalização, conforme estabelecido no ordenamento legal da LDBEN, que determina como os sistemas de ensino organizam os espaços de oferta da educação nacional (Brasil, 1996).

A **estrutura** está ligada à organização. Como vimos, nos espaços formais, a distribuição é feita por idade, séries, anos, etapas ou ciclos. Nos espaços não formais, as práticas educativas se organizam pelos programas de cursos livres.

Quanto à **universalidade**, nos espaços informais, a aprendizagem inclui todas as pessoas, mostrando que essa capacidade é inerente aos seres humanos, diferentemente dos contextos formais, que nem sempre são universais.

A **duração** em contextos formais é programada de acordo com a organização da etapa. Nos espaços não formais, pode ser organizada em dias, horas ou ano, tendo como principal característica a flexibilidade.

Por fim, a **institucionalização** nos espaços não formais pode ou não ocorrer, ao passo que, nos espaços formais, a educação é totalmente institucionalizada.

Assim, um contexto não formal de educação pode ser definido como um conjunto de atividades de ensino e aprendizagem com o objetivo de complementar, atualizar, suprir conhecimentos e formação em aspectos acadêmicos ou mesmo de trabalho. Essas atividades podem ser realizadas por meio de congressos, cursos, oficinas, conferências etc., nas formas presencial, semipresencial ou a distância.

O desenvolvimento das artes visuais em ambientes não formais de educação deve unir a teoria e a prática, a fim de a tornar os educadores mediadores culturais nesses espaços.

A diferença entre ensinar artes visuais na escola e ensiná-la em museus, galerias, pinacotecas ou fundações culturais está principalmente na organização dos saberes. As instituições utilizam os mais diversos mecanismos para alcançar seus objetivos e possibilitar o desenvolvimento de seu público, lançando mão de visitas guiadas, por exemplo, que podem ser oferecidas a escolas, famílias ou qualquer outro grupo que tenha interesse.

Tanto a escola quanto o espaço não formal têm o mediador para que as artes visuais se desenvolvam, seja ele o professor na escola, seja ele o educador no museu. O **mediador cultural** é o profissional que vai agir em diferentes situações. O que importa para ambos – o monitor de uma exposição ou o professor – é que conquistem, em seu processo de formação, conhecimentos que os façam se sentir seguros diante do conteúdo a ser trabalhado, de forma a subsidiar o desenvolvimento da percepção, da interpretação e da reflexão sobre o fazer artístico dos participantes da ação educativa.

3.3 Manifestações visuais e multiculturalismo

Vamos discutir, agora, outra questão importante para o ensino das artes visuais no Brasil: o multiculturalismo nas produções.

Ao que parece, por mais que existam esforços no sentido de mudar o quadro do ensino da arte brasileira, o que parece imperar ainda nos currículos escolares é a tendência de trabalhar com a questão cultural, de um lado, na visão daqueles que exaltam a cultura popular, nomeados por Chaui (1986) de *guardiões das tradições*; e, de outro, os defensores da oprimida arte, que, segundo eles, parece estar à margem do poder econômico e da produção cultural dominante.

Seja como for, essa dicotomia passou a ser combatida quando da proposta de abordagem triangular da arte, realizada por Barbosa (1991), que propõe uma visão multicultural para o trabalho com as artes visuais em uma experiência denominada *estética das massas*[3].

A proposta de multiculturalismo nas artes visuais surge como promessa de combate à influência dos fatores econômicos, que, de certa forma, promovem a divisão de classes por preconceito ou discriminação, tendo em vista que as manifestações culturais diversas, que contrariam a cultura elitista, mantinham-se nos sistemas da arte com a aliança entre o capital econômico e o capital cultural. Como afirma Bulhões (2005), a arte "continua a ser uma forma de capital cultural que determinados grupos sociais e financeiros controlam, e da qual dispõem como passaporte de acesso a outros tipos de bens sociais e simbólicos". O multiculturalismo, proposto com o advento da LDBEN e dos PCN, pretendia romper com a hierarquização dos sistemas de arte brasileira. Em defesa da proposta multicultural, Barbosa (1998, p. 21) refletia que a "ideia de reforçar a herança artística e estética dos alunos com base em seu

---

[3] Trata-se de projeto de Ana Mae Barbosa que consistia em ofertar, entre as exposições de renome dos museus, uma exposição de arte das minorias, uma arte não submissa aos moldes econômicos das grandes exposições.

meio ambiente, se não for bem concluída, pode criar guetos culturais e manter os grupos amarrados aos códigos de sua própria cultura sem possibilitar decodificação de outras culturas".

Um processo de educação em artes visuais que emprega o multiculturalismo deve embasar-se no contexto que se quer trabalhar, procurando pontos de entrelaçamento entre as diferentes culturas que compõem o espaço da sala de aula. Esse processo é permeado pela apreciação, pela análise e pela contextualização de obras de arte e artefatos das culturas local, regional, nacional e internacional, possibilitando trabalhar o diálogo da cultura local com as mais distantes e colocando-a como um processo identitário da maior importância.

Um trabalho multicultural de currículo na arte foi previsto pelos PCN quando, entre os objetivos do ensino da arte, contemplam-se: compreender e saber identificar a arte como fato histórico contextualizado nas diversas culturas, conhecendo, respeitando e observando as produções presentes no entorno; e buscar e saber organizar informações sobre a arte em contato com artistas, documentos, acervos nos espaços da escola e fora dela (livros, revistas, jornais, ilustrações, diapositivos, vídeos, discos, cartazes) e acervos públicos, reconhecendo e compreendendo a variedade de produtos artísticos e concepções estéticas presentes na história das diferentes culturas e etnias (Brasil, 1997).

A disciplina de Arte e o trabalho com manifestações visuais baseadas no multiculturalismo propiciam ao aluno a compreensão de sua cultura, dos valores que nela estão enraizados, bem como promovem o respeito aos demais, favorecendo a diversidade no estudo da arte como conhecimento humano. Trata-se do estudo em artes visuais que Richter (2003) chama de *reciprocidade de culturas*. As culturas quase nunca são puras, mas sim um emaranhado desordenado de influências.

Para finalizar a análise sobre o multiculturalismo, trazemos à discussão três representantes das manifestações artísticas visuais: Arthur Bispo do Rosário, Yinka Shonibare e Tomie Ohtake.

Arthur Bispo do Rosário é um artista brasileiro nascido em 1909, na cidade de Japaratuba, em Sergipe. De marinheiro a borracheiro, foi internado, em 1938, no Hospital Nacional de Alienados no Rio de Janeiro. Em 1939, foi transferido para a Colônia Júlio Moreira, onde permaneceu por 50 anos não consecutivos. Como paciente psiquiátrico, produziu mais de mil obras consagradas no mercado internacional de artes contemporâneas, entre as quais constam estandartes, *assemblages*[4] e outros objetos bordados inventando um mundo paralelo, feito para Deus, na opinião de renomados críticos de arte. De mesmo nome do artista, o Museu Bispo do Rosário de Arte Contemporânea, situado dentro do Instituto Municipal de Assistência à Saúde Juliano Moreira, complexo de saúde mental conhecido como *A colônia*, no Rio de Janeiro, é responsável pela preservação, conservação e difusão da obra do artista – um dos expoentes da arte contemporânea, de reconhecimento nacional e internacional (Pinheiro, 2016).

O artista Yinka Shonibare nasceu em 1962, em Londres, Inglaterra. Depois de crescer em Lagos, Nigéria, Shonibare estudou na Byam Shaw School of Art e obteve um mestrado na Goldsmiths College, ambas em Londres. Conhecido por usar *batik*[5] em dioramas[6] fantasiados que exploram raça e colonialismo, o artista também utiliza pintura, escultura, fotografia e filme em seu trabalho, que perturba e desafia as noções de identidade cultural (Kuiper, 2019).

Figura 3.4 – *Abajour*, **de Arthur Bispo do Rosário**

ROSÁRIO, A. B. **Abajour**. 1 escultura de: madeira, plástico, tecido, metal, vidro, espelho, alumínio, borracha e papel. 194 × 74 × 30 cm. Coleção Museu Bispo do Rosário Arte Contemporânea/ Prefeitura da Cidade do Rio de Janeiro, Brasil.

---

4   "O termo *assemblage* é incorporado às artes em 1953, cunhado pelo pintor e gravador francês Jean Dubuffet (1901-1985) para fazer referência a trabalhos que, segundo ele, 'vão além das colagens'. O princípio que orienta a feitura de assemblages é a 'estética da acumulação': todo e qualquer tipo de material pode ser incorporado à obra de arte. O trabalho artístico visa romper definitivamente as fronteiras entre arte e vida cotidiana; [...]." (Assemblage, 2019).

5   *Batik* (ou *batique*, como é conhecida no Brasil) refere-se a uma técnica de tingimento de tecidos que teve sua origem na Ilha de Java, na Indonésia. Trata-se de uma técnica muito antiga, na qual o artesão utiliza cera de abelha para isolar certos espaços do tecido, formando desenhos que permanecem intactos após o tingimento.

6   Dioramas são apresentações artísticas realistas que expressam cenas da vida real, com objetivo de compor exposições de finalidade instrutiva ou de entretenimento.

Na escultura apresentada na Figura 3.5, Shonibare colocou uma réplica em escala do navio do vice-almirante Lord Nelson HMS Victory em uma garrafa de vidro gigante para comemorar a Batalha de Trafalgar em 1805. A escultura está na entrada sul do Museu Marítimo Nacional desde 2012, e *Nelson's Ship in a Bottle* é reivindicado como o maior navio em garrafa do mundo. Ela enseja reflexões sobre o simbolismo histórico do Império Britânico e os monumentos arquitetônicos de Trafalgar Square, Nelson's Column e Admiralty Arch. A escultura foi construída com carvalho, madeira, latão, cordéis, lona, etc. As 37 velas foram impressas à mão em tela com desenhos de têxteis africanos e sinais de bandeira da Batalha de Trafalgar.

Para finalizar as exemplificações, citamos uma artista de grande importância para a arte brasileira: Tomie Ohtake. Nascida em Kioto, no Japão, em 1913, mas tendo vindo ao Brasil, em 1936, para visitar seus cinco irmãos, aqui fixou residência, casou-se e teve dois filhos. Começou a pintar aos 40 anos de idade e, a partir dos 50, sua carreira alcançou o ápice, sendo premiada internacionalmente. Sua obra ganhou projeção com as mais de 30 obras públicas que hoje desenham cidades importantes do Brasil, como São Paulo. Considerada a embaixatriz das artes e da cultura brasileira por seu reconhecimento, a artista faleceu aos 101 anos, em 2015, deixando um grande legado para o Brasil e o mundo (Tomie Ohtake, 2018).

Figura 3.5 – *Nelson's Ship in a Botlle*, de Yinka Shonibare

SHONIBARE, Y. **Nelson's Ship in a Botlle**. 1962. 1 escultura: 3,25 × 5 m, 4 T. Museu Marítimo Nacional, Londres, Inglaterra.

Uma de suas principais obras está instalada na Avenida Paulista em São Paulo, desde 2015, e compreende uma gigante escultura em aço carbono, pintada com tintas automotivas vermelha e prata, medindo 8,5 m de altura e pesando 7 toneladas (Figura 3.6).

Figura 3.6 – *Avenida Paulista*, de Tomie Ohtake

OHTAKE, T. **Avenida Paulista**. 2015. 1 escultura de aço e tinta automotiva, color.: 8,5 m, 7 T. Obra instalada na Avenida Paulista, São Paulo-SP.

Os exemplos ora apresentados são de artistas visuais multiculturais que refletem a cultura de seus países, que não são fechadas em si mesmas, mas sistemas em contínua interação, ressignificando relações.

Trabalhar as artes visuais na perspectiva do multiculturalismo possibilita aos alunos a compreensão de escola como um palco de negociações entre os seres sociais e culturais, atentando para a heterogeneidade cultural e social disponível no universo dessas artes.

3.4 Tendências pedagógicas

Na década de 1980, segundo Barbosa (1991), associações de professores em vários estados brasileiros criaram a Federação das Associações de Arte-Educadores do Brasil (Faeb), com vistas à formalização da disciplina de Arte. Iniciou-se, assim, um movimento de luta pela qualidade do ensino, reivindicando a inserção da arte como disciplina obrigatória do currículo escolar para assumir o papel de disciplina voltada para a formação humana, nas dimensões cultural, estética, intelectual e social.

Em 1987, foi criada, em Brasília, a Federação dos Arte-Educadores do Brasil, por ocasião do II Encontro

Latino-Americano de Arte e Educação. Em 1988, a Câmara e o Senado começaram a discutir uma nova LDBEN, momento em que houve intensa pressão por parte dos professores para destacar a importância do ensino da Arte nas escolas, por se entender que era uma forma de investigação do que estava sendo produzido nos museus, nas ruas ou em ateliês. Esse grupo de professores teve participação efetiva na publicação da LDBEN n. 9.394/1996 (Brasil, 1996), na qual foi introduzida a obrigatoriedade da Arte em toda a educação básica brasileira, como já comentamos. Sobre esse período, Barbosa (2002, p. 34) reflete: "Como resultado, nós chegamos a 1989 tendo arte-educadores com uma atuação bastante ativa e consciente, mas com uma formação fraca e superficial no que diz respeito ao conhecimento de arte-educação e de arte".

Em 1990, porém, a obrigatoriedade ou não da disciplina foi questionada mais uma vez, tornando-se uma polêmica nacional. Houve mobilização de professores em todo o país, a fim de demonstrar que se tratava de um campo teórico específico e que deveria ser incluído no corpo da lei, para todos os níveis de ensino. Nesse período, segundo Fonseca (2001, p. 15), "se intensificaram as ações no sentido de ajustar as políticas educacionais ao processo de reforma do Estado brasileiro, em face das exigências colocadas pela reestruturação global da economia".

Em razão dos estudos desses educadores e da proposta efetiva da pesquisadora Ana Mae Barbosa, surge a triangulação de que tratamos anteriormente: a tríade epistemológica – fazer artístico, leitura da obra de arte e contextualização da obra de arte. Essa teoria tem influência das Escolas ao Ar Livre (México), da Critical Studies (Inglaterra) e da Discipline Based in Art Education (Estados Unidos).

Podemos afirmar que houve muitos avanços em termos teóricos-metodológicos no ensino da arte. Atualmente, no Brasil, há inúmeros cursos de pós-graduação na disciplina e vários profissionais refletem sobre a arte e seus desdobramentos, seja na escola, seja em outros espaços culturais e midiáticos.

Nesse panorama, os educadores são chamados a trabalhar para a cultura visual, que parte da ideia do trabalho com as imagens para além das artes convencionais (histórias em quadrinhos, videoclipes, internet, revistas, objetos da cultura de massa e da cultura popular, rótulos e outros).

É importante salientar que os estudos da arte para a interculturalidade propiciam ao aluno o conhecimento de sua cultura e da cultura do outro, ampliando o conceito de arte para um sentido que agrega elementos e códigos de diversas culturas.

Aqui, vale esclarecer os conceitos de **interculturalidade** e **multiculturalidade**, pois são termos muitos próximos e carecem de uma explicação mais detalhada.

Fleuri (2005, p. 11) refere-se à interculturalidade como um "conjunto de propostas de convivência democrática entre diferentes culturas, buscando a integração entre elas sem anular sua diversidade, ao contrário, fomentando o potencial criativo e vital resultante das relações entre diferentes agentes e seus respectivos contextos".

Com relação à multiculturalidade, o autor a define como a simples coexistência de diversos grupos culturais na mesma sociedade, sem apontar para uma política de convivência (Fleuri, 2005).

A ampliação das discussões de multiculturalismo está em concordância com o exposto na publicação, em 1996, da LDBEN, estabelecendo de vez a Arte como disciplina obrigatória, não mais como a execução de meras atividades artísticas. Na sequência, houve a publicação dos PCN (Brasil, 1997), reconhecendo a Arte como disciplina e conhecimento fundamentais na educação básica, com metodologias, conteúdos e avaliações.

O documento dos PCN aponta para os avanços tecnológicos e apresenta novas necessidades para o ensino da Arte, tendo, na tecnologia, uma ferramenta importante para estabelecer uma relação renovadora de manipulação de imagens, com criações interativas, intervenções e interações em museus e galerias virtuais. O trabalho com a cultura visual é realizado usando imagens e símbolos que estão no entorno, de maneira a tratar cada contexto cultural.

Assim, as aulas de Artes Visuais devem privilegiar os conteúdos com utilidade social, partindo dos conhecimentos prévios do aluno para traçar novas aprendizagens. Esse foi o caminho trilhado pelas tendências pedagógicas do ensino de Arte até sua efetivação como área de conhecimento.

3.5 Abordagens e concepções metodológicas

Depois da breve contextualização do ensino da Arte até assumir o papel de área do conhecimento, é possível, então, discutir duas concepções metodológicas do ensino das artes visuais na atualidade, as quais são resultantes das tendências pedagógicas voltadas para a cultura visual.

Educação do olhar. O que significa isso?

Na cultura visual, a teoria está relacionada à visualidade, tendo como meta analisar o que é visível. Nas palavras de Hernandez (2000, p. 20), é preciso "estabelecer uma cultura visual que permita compreender o ser humano e as transformações do mundo", e é isso que determina uma concepção de arte voltada para a educação do olhar. O objetivo é delimitar quem vê, o que e como vê, além de suas representações e do modo como é mediada a relação indivíduo-cotidiano. Para tanto, é possível adotar como estratégia de aprendizagem a abordagem por meio de processos de compreensão e construção de ideias, sentidos e experiências simbólicas em contextos educativos (Silva; Silva, 2017). Para que essa cultura visual ocorra nos espaços de aprendizagem, precisamos ressaltar a educação do olhar, pois a imagem requer um olhar sensível, de modo que o sujeito aluno seja um agente mediador que aprende pela via da sensibilidade, para, assim, construir seu saber.

Educação do olhar é um termo utilizado pela educadora Analice Dutra Pillar (1999, p. 12), que assim se pronuncia quanto ao ato de ler: "Ao ler, estamos entrelaçando informações do objeto, suas características formais, cromáticas, topológicas; e informações do leitor, seu conhecimento acerca do objeto, suas inferências, sua imaginação. Assim, a leitura depende do que está em frente e atrás dos nossos olhos".

Ler uma imagem significa compreender suas cores, formas e texturas, ou seja, sua expressão:

> Assim, um rabisco num desenho de criança tem um significado, num mapa tem outro, num texto tem outro. O sentido vai ser dado pelo contexto gráfico e pelas informações que o leitor tem. [...] Ao ler, estamos entrelaçando informações do objeto, suas características formais, cromáticas, topológicas; e informações do leitor, seu conhecimento acerca do objeto, 7 suas interferências, sua imaginação. Assim a leitura depende do que está em frente e atrás dos nossos olhos. (Pillar, 1999, p. 12)

Nessa leitura de imagem, o indivíduo amplia a dimensão do simples gostar ou não gostar para uma percepção mais profunda do mundo que o cerca, considerando sua compreensão da imagem na totalidade por meio do olhar.

O princípio da leitura de imagens é o mesmo utilizado na leitura de um texto. Entre o texto e quem escreve existe o leitor, assim como entre a obra de arte e o artista também existe um leitor, um interlocutor, que interpreta embasado em suas vivências e percepções de mundo.

Nesse sentido, o ensino de arte na escola deve colaborar na construção do olhar de aluno, mas principalmente do educador, objetivando desenvolver sua percepção para variadas imagens, estabelecer conexões e ligações entre essas imagens e obter um conhecimento fundamentado nessas relações. Isso faz com que o professor exercite seu olhar, podendo ampliá-lo como prática pedagógica e profissional.

Portanto, o trabalho com imagens é o norteador de uma prática pedagógica que atende a uma proposta de ensino crítica de arte na contemporaneidade. Em sala, trabalhar a visualidade pode causar sensações de conforto ou desconforto, alegria ou tristeza, medo, saudade, agonia, paixão. A visão e a análise de uma obra nem sempre são agradáveis, pois a arte é uma expressão de sentimentos em sua totalidade.

O trabalho com a educação do olhar do educando, além de perpassar pela exploração dos sentimentos que vivenciam ao analisar obras de arte, leva-os à reflexão de que esses sentimentos são os responsáveis pela construção do gosto e da concepção do belo. Em suma, a abordagem da educação para o olhar deve ser realizada considerando as relações existentes entre o olhar do espectador e o produto da observação. Quanto maior for a diversidade de obras para apreciação, mais rica e emocionante será a aprendizagem.

Propiciar encontros com variadas obras permite o estabelecimento de inter-relações dos elementos da visualidade com suas estruturas compositivas. Para que isso seja possível, a arte deve ir à escola, ou seja, deve-se proporcionar ao aluno o contato com obras de museus como um complemento das atividades realizadas em sala de aula. Se não for viável esse deslocamento, é possível trazer o museu para a sala de aula, com a utilização de visitas virtuais e o uso de tecnologias nas aulas de Arte.

Por fim, reforçamos que o sentido dessa abordagem está em possibilitar ao aluno a ampliação e a coordenação de múltiplas imagens, direcionando-o a realizar leituras variadas de obras, de modo a permitir seu acesso a uma gama de elementos teóricos com ricas discussões de significados.

3.5.1 Conteúdo interdisciplinar e currículo integrado

O currículo integrado é a busca constante pela articulação teórico-prática, ou uma espécie de "teoria das práticas", e uma "prática das teorias", como propõe Certeau (1994), em que as ações pedagógicas se fundem, dificultando a separação do que é teoria e do que é prática.

Os debates legais sobre currículo integrado são, principalmente, de abordagens pedagógicas do ensino médio. Essa discussão contemporânea deixa explícita a preocupação por formas curriculares alternativas para essa etapa da educação básica, que sejam mais adequadas aos interesses dos jovens matriculados nessa modalidade.

E o que é integração curricular? A partir de 2012, com a discussão que prevê a reforma do ensino médio brasileiro, surge a ideia de interdisciplinaridade, uma das experiências mais expressivas no campo da arte.

As Diretrizes Curriculares Nacionais para o Ensino Médio, publicadas na Resolução CNE n. 2, de 30 de janeiro de 2012 (Brasil, 2012), estabelecem os pressupostos que orientam a oferta da modalidade. O documento traz importantes caminhos para a integração curricular: primeiramente, na aproximação entre a educação e as dimensões do trabalho, da cultura, da ciência e da tecnologia, tomada como aporte central do desenvolvimento curricular; e, em segunda diretriz, na integração entre conhecimentos gerais e técnico-profissionais, a ser realizada por meio da contextualização e da interdisciplinaridade.

A conceituação de *currículo* dada pelo art. 6º da Resolução n. 2/2012 traz uma perspectiva de interdisciplinaridade nessa direção:

> Art. 6º O currículo é conceituado como a proposta de ação constituída pela seleção de conhecimentos construídos pela sociedade, expressando-se por práticas escolares que se desdobram em torno de conhecimentos escolares relevantes, permeadas pelas relações sociais, articulando vivências e saberes dos estudantes e contribuindo para o desenvolvimento de suas identidades e condições cognitivas e socioafetivas. (Brasil, 2012)

Atualmente, o ensino dividido por disciplinas está no centro das discussões, pois muitos entendem que a transmissão do conhecimento nesse modelo não permite ao educando visualizar o todo, somente partes do conhecimento de que necessita para sua vida. Por esse motivo, entre as propostas alternativas à organização do conhecimento escolar por disciplinas, destacam-se aquelas com enfoque na interdisciplinaridade e na integração curricular.

A interdisciplinaridade pressupõe uma organização curricular disciplinar cujas barreiras devem ser rompidas. Confuso? Então, vamos esclarecer o que isso significa. Quando se trabalha de forma interdisciplinar, significa que o currículo é organizado por disciplinas que encontram pontos comuns nos conteúdos para trabalhar juntas, ou seja, quando há relações entre os conteúdos. A integração curricular não parte das disciplinas, mas de focos de interesse dos educandos, os quais, só depois de elencados, nortearão a escolha dos conhecimentos necessários para a resolução de determinado problema, combinados nas respectivas disciplinas. Assim, a **interdisciplinaridade** está ligada ao aspecto interno da disciplina e se refere ao conteúdo. A **integração de conteúdos** refere-se ao aspecto externo, ou seja, ao problema a ser trabalhado.

Uma definição de interdisciplinaridade que tomamos como referência é a da autora Ivani Fazenda (1994, p. 15), considerando-a "uma relação de reciprocidade, de mutualidade, que pressupõe uma atitude diferente a ser assumida frente ao problema de conhecimento, ou seja, é a substituição de uma concepção fragmentária para unitária do ser humano". A autora ainda se prolonga na definição assegurando que o diálogo é a "única condição de possibilidade da interdisciplinaridade" (Fazenda, 1994, p. 15).

Para um trabalho interdisciplinar em artes visuais, é necessário que o professor conheça mais e melhor o tema, atuando de maneira investigativa, já que, para exercer uma postura interdisciplinar, precisa exercer a atividade de pesquisador, com atitudes e ações que possibilitem essa interdisciplinaridade. A postura investigativa agrega valor à atividade docente. Na opinião de Fazenda (2008, p. 48):

> O educador necessita estar sempre incomodado. É ele que contribui para despertar a busca, a pesquisa e o desenvolvimento de novas competências. A competência não se constrói por meio do acúmulo de cursos e de livros, mas de um trabalho de reflexão crítica sobre as experiências de vida, de modelos educativos e das práticas, por intermédio de construção e reconstrução permanentes da identidade pessoal.

Para exemplificar esses saberes docentes validados pela postura de pesquisador, vamos observar a Figura 3.7.

A obra de Federico Uribe, artista colombiano nascido em Bogotá, apresenta uma arte híbrida, difícil de ser classificada. Para compô-la, o artista usou materiais diversos, como lápis de cor, garfos descartáveis, fios de luz e todo tipo de material reaproveitável em perfeita sintonia com a reciclagem e a preservação do meio ambiente.

Sugerimos ao professor pesquisador tomar contato com esse tipo de trabalho, propondo uma atividade interdisciplinar com outros docentes, como o professor de Ciências, de maneira a fortalecer a prática da reciclagem e do reaproveitamento de materiais em defesa do meio ambiente.

Figura 3.7 – Exposição sem nome, de Federico Uribe

Nas artes visuais, a interdisciplinaridade e a integração do currículo estão no aprender colaborativamente com os demais componentes curriculares, desenvolvendo o senso crítico do aluno e aplicando a arte na transformação de conceitos. Questionar o senso comum por meio de muitas experimentações, trabalhar com técnicas de desenho, gravura, pintura, escultura, fotografia e estudar as mais diversas manifestações artísticas contemporâneas são atividades-guia para o indivíduo evoluir socialmente se pautando pelas artes visuais.

Síntese

Neste capítulo, tratamos das especificidades das artes visuais, caracterizando essa linguagem como componente curricular. Abordamos as semelhanças e as diferenças entre o ensino das artes visuais em contextos formais e não formais de educação. Além disso, identificamos as produções e as manifestações visuais brasileiras como culturais e multiculturais.

Indicações culturais

HELIO Oiticica. Disponível em: <http://www.heliooiticica.org.br/home/home.php>. Acesso em: 16 abr. 2019.

> Quer conhecer o projeto do artista Helio Oiticica? Acesse o site destinado à divulgação de sua obra, seus projetos desenvolvidos e sua biografia.

O MUNDO de Ligia Clark. Disponível em: <http://www.lygiaclark.org.br/defaultpt.asp>. Acesso em: 16 abr. 2019.

> Nesse site, é possível conhecer os trabalhos da artista e consultar sua biografia, suas obras e conhecer a associação cultural.

LYGIA Pape. Disponível em: <http://www.lygiapape.org.br/pt/>. Acesso em: 16 abr. 2019.

> Na página, você encontra informações sobre a biografia da artista, pode consultar suas obras e conhecer o projeto Lygia Pape.

Atividades de autoavaliação

1. A respeito da identidade das artes visuais, asssinale a alternativa correta:
   a) Trata-se da caracterização que essa linguagem recebe, incorporando, em sua prática pedagógica os pressupostos estéticos, históricos e teóricos, além das preocupações político-sociais.
   b) Refere-se à preocupação com os pressupostos científicos do ensino da arte, desconsiderando os contextos resultantes das experiências que os alunos trazem.
   c) Trata-se do estudo e da compreensão dos conteúdos técnicos das artes visuais oriundas da arte europeia, que privilegia a técnica em detrimento da criação.
   d) Entende-se como a apreensão de conteúdos voltados à manipulação de materiais, como lápis, tinta, argila e gesso.

2. O papel do educador e/ou do mediador em um museu ou em outra instituição de arte é:
   a) fornecer informações técnicas sobre a obra.
   b) interpretar a obra para o público presente.
   c) estimular o público a estabelecer relação com a exposição.
   d) explicar o conceito da exposição.

3. Trabalhar com a multiculturalidade nas aulas de artes visuais significa:
   a) estudar apenas a arte dos povos ancestrais para aprender com outras culturas.
   b) aproximar os códigos culturais dos diferentes grupos que compõem a sociedade do ensino da arte na escola.
   c) considerar a arte europeia como o referencial ideal para o ensino das artes.
   d) conceber a cultura erudita como parâmetro de qualidade no ensino das artes visuais.

4. As tendências pedagógicas atuais para o ensino de artes visuais entendem o professor como o profissional que desenvolve:
   a) apenas a sensibilidade de seus alunos nas atividades artísticas.
   b) a prática artística, deixando a fundamentação teórica sob responsabilidade das demais disciplinas.

- c) as técnicas com os alunos de maneira a torná-los profissionais.
- d) uma proposta multicultural permitindo aos alunos acessar conhecimentos dos aspectos mais significativos de nossa cultura, em suas diversas manifestações.

5. A proposta de educação do olhar aborda dois conhecimentos que se relacionam ao papel da arte na educação. São eles:
   - a) cultural e artístico.
   - b) estético e artístico.
   - c) artístico e histórico.
   - d) estético e filosófico.

Atividades de aprendizagem

Questões para reflexão

1. Quais as especificidades das artes visuais como linguagem da arte estabelecida nos Parâmetros Curriculares Nacionais (Brasil, 1997)?

2. Como você entende e caracteriza a educação do olhar?

Atividades aplicadas: prática

1. Escolha uma imagem de arte reciclável, como as obras de Antonio Uribe, de Luiz Carlos Nakasoni ou de outro artista que utiliza materiais variados e que estejam ligados à característica da arte híbrida. Retome o conceito de arte híbrida e realize uma releitura da obra escolhida, utilizando materiais diversos, como lápis de cor, garfos descartáveis, fios de luz e todo tipo de material reaproveitável e que esteja em sintonia com o processo de reciclagem e a preservação do meio ambiente. Após a pesquisa da obra e do autor, utilize um diário de bordo que você vai confeccionar especificamente para registrar essa experiência, descrevendo o processo completo (caracterização, produção, reflexão e fruição).

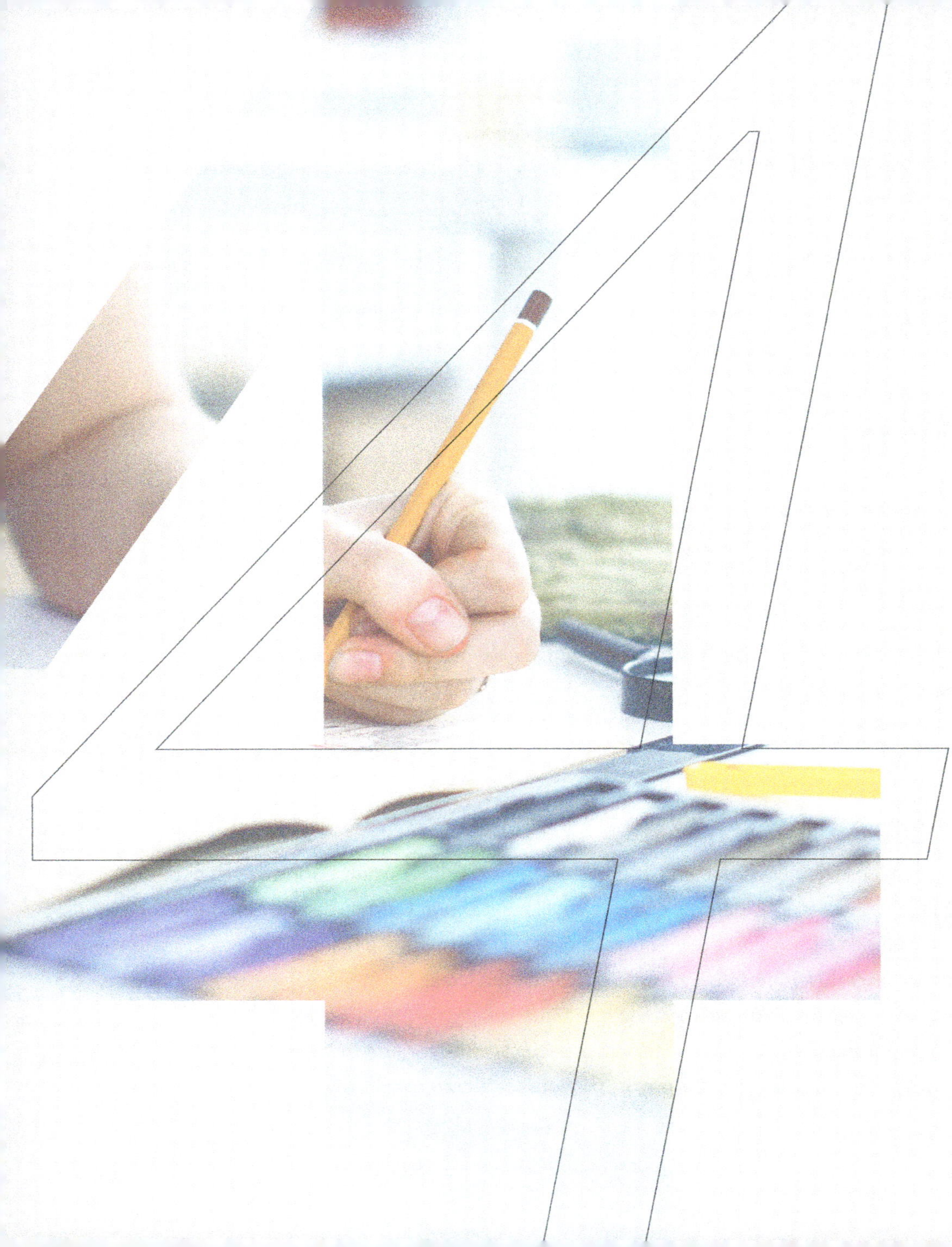

Formação de professores de artes visuais no Brasil

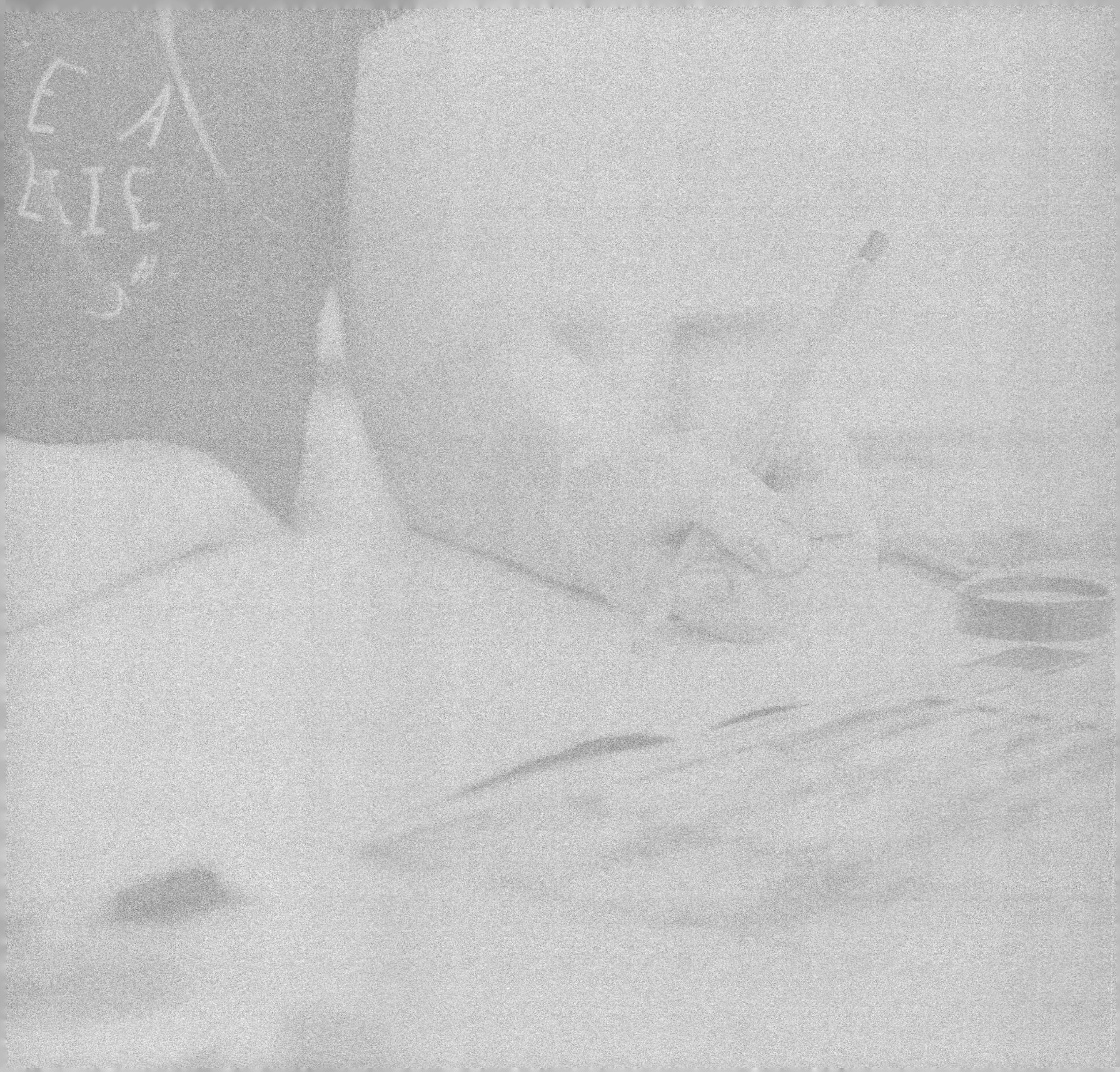

Neste capítulo, examinaremos a formação de professores de artes visuais no Brasil. Essa análise demanda um delineamento da atividade profissional na educação de jovens e adultos (EJA), sendo ela presencial ou a distância. Nesse contexto, também caberá destacar a teoria de arte que compreende o professor como mediador do processo de aprendizagem, considerando as artes visuais um fator de produção de conhecimentos e as transformações tecnológicas da atualidade.

4.1 Especificidades da educação de jovens e adultos

O professor que atua na EJA deve estar atento às especificidades existentes no processo de aprendizagem desse grupo. Não obstante, o processo de ensino também se orienta pelos eixos comuns de aprendizagem da arte: produzir, apreciar e contextualizar.

O trabalho com artes visuais na EJA é realizado para que os alunos ampliem seus meios de apreensão, compreensão e representação de mundo e se alfabetizem no processo visual. Lembramos que a leitura de imagens e a educação do olhar são abordagens utilizadas em todas as etapas da educação básica, porém, para o aluno da EJA, elas deverão ser ampliadas, pois é preciso considerar a experiência de vida que ele traz. Nesse sentido, Freire (1989, p. 31), um autor de referência na alfabetização de jovens e adultos, reflete: "Ler a palavra e aprender como escrever a palavra, de modo que alguém possa lê-la depois, são precedidos do aprender como 'escrever o mundo', isto é, ter a experiência de mudar o mundo e estar em contato com o mundo".

Acompanhamos o raciocínio de Freire para o ensino da arte, tendo em vista que o aluno da EJA traz um conhecimento sobre o mundo que o cerca e, obviamente, tem um olhar peculiar para a obra de arte. Portanto, é importante a implementação de políticas de formação continuada para os professores, a fim de capacitá-los para o trabalho com essa disciplina, que propicia um novo modo de compreender o mundo, ressignificando conceitos e práticas artísticas. A própria Lei de Diretrizes e Bases da Educação Nacional (LDBEN) demonstrou essa preocupação desde a formação inicial do professor em seu art. 43, inciso II: "formar diplomados nas diferentes áreas de conhecimento, aptos para a inserção em setores profissionais e para a participação no desenvolvimento da sociedade brasileira, e colaborar na sua formação contínua" (Brasil, 1996).

A preocupação da LDBEN com a formação superior revela a necessidade da especialização dos docentes no Brasil diante das reconfigurações de ensino e aprendizagem na educação básica.

De maneira específica, o professor da EJA deve ter a preparação geral que a LDBEN e as diretrizes dos cursos estabelecem. Contudo, deve também estar preparado para atuar em um espaço diferenciado, no qual o aluno dessa modalidade, geralmente, no contato com as manifestações artísticas e no convívio com os colegas e professores, cria abertura para o diálogo e o aprendizado coletivo, tendo em vista suas vivências.

As situações de aprendizagem criadas nesses espaços dialógicos contribuem também para a formação continuada do professor como profissional e apreciador de arte. Considerando essas especificidades de atuação na EJA, é preciso que o docente atente às finalidades educativas que a modalidade apresenta. Em síntese, são elas:

- Valorizar a singularidade da EJA, contribuindo para o desenvolvimento da autonomia dos alunos na vivência com a experiência artística.
- Transcender os domínios das técnicas artísticas, oferecendo ao jovem e ao adulto o gosto pelo aprendizado, de maneira que esses alunos estabeleçam vínculos duradouros com as artes visuais.
- Considerar as experiências vividas pelos alunos na arte, de acordo com as características e particularidades de cada um, lembrando que as experiências docentes e a bagagem pessoal do professor nos eixos de fazer, apreciar e contextualizar organizam e alimentam a prática reflexiva, essencial para o exercício da docência na EJA.
- Estar em consonância com o contexto da escola, levando o jovem e o adulto a dominar as tecnologias, ser colaborativo, expressar-se com segurança, com vistas a aprimorar seu espírito crítico e uma consciência cidadã.
- Promover experiências estéticas no processo de ensino e aprendizagem que possibilitem ressignificações, compartilhamentos e reflexões, ponderando que o conhecimento em arte é construído por meio de processo de domínio progressivo de aprendizagens artísticas, tendo o professor como mediador entre os alunos e os conteúdos de ensino.

Os cursos de graduação em Artes Visuais para os professores atuantes na EJA devem sempre levar em conta as características dos alunos desse grupo. Normalmente, não tiveram acesso ou permanência no sistema formal de ensino na idade própria ou prescrita por lei e são considerados desafios para as políticas públicas. Esses cursos devem incentivar os educadores quanto às contribuições que o ensino das artes visuais pode trazer para alunos de EJA. De acordo com o MEC, essas contribuições podem ser apontadas como: favorecimento do debate e compreensão da formação cultural como espaço de transformação local e regional; possibilidade de conhecimento de espaços culturais da região em que moram, conforme as condições de acesso, produção, exposições; e entendimento e experimentação do processo de produção artística como processo de criação, percebendo que todos são capazes de criar (Brasil, 1998c).

Essas contribuições do ensino da arte na EJA passam pela postura reflexiva do professor, que deve ter em mente que: "Como educadores em arte, eles precisam se desenvolver como indivíduos e profissionais, a fim de que, por um lado, desenvolver pontos de vista maduros e coerentes, e por outro, aceitar desafios e promover a causa da educação em arte" (Pimentel, 1999, p. 131).

Sem perder de vista as Diretrizes Curriculares (Brasil, 2009), que estabelecem que os cursos de Artes Visuais devem formar profissionais habilitados para a produção, a pesquisa, a crítica e o ensino das artes visuais, a formação continuada deve capacitar os docentes para o processo de ensino e aprendizagem de conteúdos historicamente sistematizados e normatizados por leis, entre os quais se destacam a formação dos educandos da EJA e o desenvolvimento de habilidades e competências necessárias à construção do saber e do aprendizado desses alunos. Nesse contexto, conhecer a trajetória de vida deles é fundamental para desenvolver um projeto pedagógico que atenda às necessidades e limitações desse grupo.

A respeito da experiência pessoal dos alunos da EJA, concordamos com Martins (2008, p. 58), quando o autor aponta: "O saber cultural de Arte dos alunos articulado às mais largas, da humanidade, é que constituem-se em um complexo material cultural que deve mobilizar mediações docentes para inventar tarefas, criar exercícios e exploração, imaginar temas, ousar propostas inovadoras".

O saber cultural aliado à escolha dos conteúdos que levem em conta as finalidades da educação requer métodos próprios, educando-se para além das cores, formas, dimensões, texturas, instigando os alunos a compreender o sentido crítico das obras apresentadas. Ensinar e aprender em EJA é fruto de um trabalho coletivo, abrangendo a diversidade artística pela qual os alunos experimentam e constroem significados.

No contexto da EJA, a adoção das tecnologias de informação e comunicação (TICs) é essencial para o processo social e humano, a fim de propiciar aos alunos a integração com o mundo e com seu percurso histórico-social.

Além das preocupações com a formação inicial e continuada dos docentes, é preciso atentar às concepções de autoformação, também conhecida como *educação permanente*, que é aquela que se faz pela busca de uma educação ao longo da vida e que depende exclusivamente do indivíduo.

4.2 Professor mediador: aspectos de docência na educação de jovens e adultos a distância

No processo de ensino e aprendizagem das artes visuais, professor e alunos são aprendentes. Como alerta Souza (2006, p. 19): "As itinerâncias, as aprendizagens e o desejo do conhecimento, como uma das possibilidades do desenvolvimento pessoal e profissional, são o caminho que [o professor] busca para reafirmar a sua identidade profissional" (Souza, 2006, p. 19).

Vamos pensar sobre o que significa ser professor na EJA? Como ensinar artes visuais de modo a despertar nos alunos o desejo pelo conhecimento e formar cidadãos críticos e atuantes no mundo cultural e social?

Já contextualizamos o percurso histórico do ensino da arte no Brasil, que foi de mero conteúdo a ser ensinado a *status* de disciplina, depois de uma acirrada luta dos educadores para firmá-la com temas, metodologias e procedimentos que a caracterizam como arte do conhecimento.

Mudou o enfoque da disciplina, mudou também o perfil do professor: antes apenas transmissor de conhecimentos, que levava os alunos a um processo de aprendizagem mecânica e à mera realização de uma atividade artística, para a figura de um mediador no ensino e na aprendizagem, aplicando conteúdos específicos e metodologia própria, com vistas a tornar a aprendizagem do educando significativa, isto é, com sentido para quem as recebe.

A **aprendizagem significativa** é ampliar e reconfigurar ideias já existentes na estrutura mental e, com isso, ser capaz de relacionar e acessar novos conteúdos (Moreira; Masini, 2001). Trata-se de uma transmissão de conhecimentos não de maneira mecânica ou reduzindo o professor a um emissor de informações, mas também inserindo-o como aluno, monitor, visitante de exposição, apropriando-se de conhecimentos das mais variadas formas, com vistas a assegurar meios de ensino mais atrativos para os educandos.

Ressaltamos que, em ambientes presenciais de educação, a transmissão com aulas expositivas funciona. No entanto, nos contextos atuais, em que o ensino presencial convive com a educação a distância, a transmissão de conhecimentos é ativa nessa trama que articula conteúdos com o mundo, com as experiências, com a vida (do professor e dos alunos), em um todo significante. Então, ressaltamos a necessidade de **mediação** no processo de ensino e aprendizagem.

Mediar, na expressão exata do termo, é "estar no meio", "estar entre". Podemos pensar, por exemplo, em um mediador de uma plataforma virtual como a figura que garante o desenvolvimento das ações de determinado grupo, como uma ponte que liga extremos incomunicáveis entre si e garante, assim, que o processo de ensino e aprendizagem ocorra. Para tanto, a mediação na docência é considerada a interação entre os extremos, entre o conteúdo e os alunos, entre o conhecimento, os estudantes e o mundo da arte.

Para o educador Paulo Freire (citado por Maziero, 2014), a mediação consiste no processo em que o professor estabelece relações dialógicas de ensino e aprendizagem, ensina e ao mesmo tempo aprende, em um encontro democrático no qual todos podem se expressar. Esse é o fundamento do trabalho com a EJA, contexto em que a experiência vivida pelo aluno deve ser ponderada no processo (Maziero, 2014).

Para o educador Reuvein Feuerstein (citado por Maziero, 2014), a mediação necessita de algumas características para se realizar, tais como: a **intencionalidade ou reciprocidade**, que são, respectiva e constantemente, a intenção do mediador em utilizar o que estiver ao seu alcance para explicar da melhor maneira possível e o desejo do aluno em aprender; a **transcendência**, que ocorre quando os conceitos apreendidos possam ser aplicados em outras situações e contextos; e a **mediação do significado**, em que os conceitos aprendidos pelas conexões estabelecidas na transcendência são assimilados pelos alunos.

A combinação das características presentes na mediação contribui para o desenvolvimento da autonomia do aluno na apreensão do conhecimento e para a formação de cidadãos críticos e conscientes. Assim, a postura do professor mediador é aquela que provoca o aluno a ter autonomia para aprender, sendo este o verdadeiro sentido da mediação, ou seja, fazer com que o aluno seja cada vez mais autônomo em seu processo de aprendizagem.

Agora que você sabe qual é o conceito de mediação na escola com os alunos da EJA, vamos passar a dialogar sobre os conceitos da **mediação cultural**.

O termo *mediação cultural* está mais relacionado aos espaços não formais de educação, aos museus, às galerias e às pinacotecas, pois a exposição e seus protagonistas, quem a produz (curadoria, monitoria) e o público que a frequenta exigem apropriação daquilo que está sendo apreciado.

Para Teixeira Coelho (1999, p. 48), a mediação cultural pode ser assim definida:

> Processos de diferentes naturezas cuja meta é promover a aproximação entre indivíduos ou coletividade e obras de cultura e arte. Essa aproximação é feita com o objetivo de facilitar a compreensão da obra, seu conhecimento sensível e intelectual – com o que se desenvolvem apreciadores ou espectadores, na busca de formação de públicos para a cultura – ou de iniciar esses indivíduos e coletividades na prática efetiva de uma determinada atividade cultural.

É possível classificar a mediação cultural em duas concepções: da informação e da informação artística e patrimonial.

Na mediação cultural **da informação**, o profissional é responsável pelos espaços das bibliotecas, por exemplo. No exercício dessa mediação, bibliotecários e usuários, em um encontro dialógico, vão mediar informações relacionadas ao acervo, à organização do espaço, à frequência na realização de atividades culturais, bem como às práticas pedagógicas desenvolvidas nessas instituições.

A mediação cultural da **informação artística e patrimonial** ocorre nos museus, nas pinacotecas e nas galerias de arte, onde a ação dos profissionais é educativa e os processos elaborados por eles visam ministrar informações para que sejam assimiladas pelo público. Na atividade dessas instituições, a mediação é técnica, pois produz suportes educacionais. É nesse ponto que se cruzam as tarefas do mediador docente com as do mediador cultural, de maneira que as visitas guiadas, por exemplo, tenham o caráter pedagógico que agrega o valor educacional para o aprendizado crítico dos alunos. O papel do mediador, nessas condições, é pedagógico. Ele é um disseminador de saberes legitimados institucionalmente e estrutura a matéria para a assimilação pelos alunos.

E de que forma ocorre a mediação com o uso das tecnologias? As visitas virtuais, por exemplo, permitem ao professor trabalhar com diferentes saberes. É possível tratar do aspecto contextual das obras, de questões de produção e técnicas, bem como da mediação cultural, que aborda o significado social, econômico e cultural da criação. Nesses casos, os monitores das exposições iniciam com uma explicação da obra, indicando seu valor estético, para, na sequência, estabelecer sua importância social.

O professor mediador na EJA une mediação docente e mediação cultural, que estão entrelaçadas na ação de educar. Ele age intelectualmente, de maneira a garantir a incorporação das interpretações individuais e de informações e conhecimentos seus e de seus alunos, em uma articulação que torne esses conhecimentos críticos e transformadores.

4.3 Fator de produção de conhecimentos: aspectos a considerar na formação de professores

Como pensar na formação de professores para o ensino das artes visuais? Anteriormente, discorremos a respeito da preocupação dos cursos de graduação com a formação profissionais destinados ao ensino, à pesquisa e à produção das artes visuais. Porém, a cultura escolar, no exercício diário da produção artística, é pressionada pelas demandas sociais, políticas e econômicas, que tendem a exigir determinado tipo de produção na aprendizagem escolar.

Essas pressões se refletem no ensino, na pesquisa e na criação e culminam com a formulação e a reformulação de mecanismos legais na área educacional. Um exemplo é a Base Nacional Comum Curricular (BNCC) e seus efeitos, que alteram o percurso da educação e das artes em nosso país.

Assim, em função dessas pressões, a postura docente e de seu trabalho se modificam, uma vez que devem estar afinadas para auxiliar crianças, jovens e adultos estudantes a se inserir no mundo educacional e no mundo do trabalho.

As exigências da escola, em especial para o professor de Arte, é que ele tenha formação específica em determinada linguagem (artes visuais, teatro, música ou dança), mas, ao chegar à escola, embora a legislação garanta a especificidade, depara-se com a polivalência de linguagens ao ministrar suas aulas.

Entre as discussões sobre pesquisa e formação docente, precisamos dar conta dessa característica de polivalência do trabalho cotidiano, porém sem perder de vista a singularidade de cada linguagem artística, como elucidam Ferraz e Fusari (1992, p. 99):

> A arte é uma das mais inquietantes e eloquentes produções do homem. Arte como técnica, lazer, processo intuitivo e criativo, genialidade, intelectualidade, comunicação, expressão, transformação são variantes do conhecimento em arte que fazem parte de nosso universo conceitual, ligado à visão de mundo e à expressão da humanidade.

Mais do que a complexidade da composição curricular, deve-se atentar ao aspecto que versa sobre o processo de formação do profissional e que está diretamente ligado à questão conceitual da disciplina. Nela, o professor precisa conhecer com profundidade os elementos que sustentam as opções didáticas e pedagógicas.

Em uma segunda perspectiva de formação, por outro lado, está o fato de o professor de Arte ser um especialista atuante em sua área e, assim, ter o domínio do conhecimento do conteúdo artístico. Isso deriva da compreensão da estrutura de sua disciplina, dos conceitos intrínsecos a ela e do desenvolvimento de sua atividade profissional voltada para a poética artística.

Nesse sentido, as ações destinadas à formação docente ficam condicionadas a pensar a organização formativa em três dimensões: **ensino**, **pesquisa** e **práticas artísticas**.

Para todas essas dimensões, a pesquisa é o modo de apropriar-se de um método de produção do conhecimento, levando a formação de artes visuais ao desenvolvimento da produção humana e da investigação como prática docente. Entre as condições didáticas de atuação docente, são necessárias atividades ordenadas e articuladas, que devem cumprir com a proposta pedagógica das artes visuais relativamente aos conteúdos propostos. O processo de formação continuada deve considerar a presença da dimensão artística que leve em conta a formação teórica fundamentadora da prática, de modo que o ato de fazer arte seja uma ferramenta pedagógica, com enfoque, principalmente, nos processos vividos de forma estética, reputando a experiência como mais importante que o resultado da produção. É necessário privilegiar o espaço para o aprimoramento artístico dos alunos e, por meio desse desenvolvimento, reconhecer suas experiências como artistas.

Nos momentos de formação, deve-se direcionar o preparo do professor no sentido de proporcionar atividades de caráter reflexivo e investigativo nas aulas. Assim, voltam-se as artes visuais para a apreciação/produção/contextualização, apontando a disciplina de Arte para o conhecimento crítico.

As Diretrizes Curriculares da Educação Básica (Paraná, 2008) encaminham as formações para que se cumpram os seguintes objetivos:

- possibilitar aos professores o contato com o processo de aprendizado do fazer artístico, incluindo considerar o resultado desse fazer como parte do processo;
- oferecer oportunidade para que os professores se desenvolvam artisticamente, fortalecendo, assim, a dimensão de artista em conexão com a dimensão professor;
- aproximar as práticas de ensino às práticas artísticas, oportunizando aos professores a vivência da relação entre formas de organizar o ensino e a produção da arte, o que vai acarretar a organização da aprendizagem e a produção de arte por parte dos alunos.

É certo que o desenvolvimento de novas práticas de ensino não se faz sem ajuda. Não se pode caminhar nesse sentido sem modificar as atitudes dos alunos e contar com eles para que entrem no jogo de novas dinâmicas de aula. Nesse sentido, apresentar questões de outros sistemas de ensino, por meio de leituras de textos históricos, pode subsidiar os professores que entendem a construção histórico-social da arte como área do conhecimento. O aluno terá, então, papel ativo e, com intervenção pedagógica, o professor será capaz de orientá-lo a superar desafios, inclusive os voltados para a produção artística.

Relembramos que as três dimensões da identidade profissional do professor de Arte são: artística, de pesquisa e de ensino. Elas contribuem para compreender a arte como produto social e área do conhecimento humano e sustentam a ação docente, que, muitas vezes, não ocorre de forma homogênea, mas vislumbra nessa articulação uma possibilidade para o enfrentamento da distinção entre quem faz arte (o artista), quem ensina arte (o professor) e quem investiga arte (o pesquisador). Essas dimensões devem estar presentes no perfil do profissional. O docente das Artes Visuais precisa ser um investigador, que analisa de forma intencional e sistemática o ensino e a aprendizagem; precisa ser o artista, que se conecta com o campo da arte e seu processo criativo; e, ainda, precisa ser o professor, que transmite conhecimentos de uma linguagem artística específica.

A formação dos professores de Artes Visuais no Brasil deve capacitá-los para uma prática pedagógica fundamentada na habilidade do educador de dialogar constantemente, ouvir o que o aluno tem a dizer, compartilhar objetivos e experiências.

Destarte, ressaltamos a importância de o professor repensar constantemente sua prática pedagógica, buscando aprimorá-la, sempre que necessário, por meio de formação continuada e, quando possível, com seus pares trocar experiências relevantes ao ato pedagógico. Além da troca de experiência com outros professores, existem instrumentos que tornam a prática pedagógica rica e dinâmica. Um exemplo é a elaboração do plano docente, uma ferramenta eficaz em que se estabelecem as linhas-mestras norteadoras do trabalho pedagógico do professor em determinada turma. Os professores do Estado do Paraná elaboraram um documento nesse sentido, denominado *Plano de Trabalho Docente* (PTD):

> Substitui o antigo Planejamento Anual e pode ser organizado de forma semestral ou bimestral conforme a preferência de cada professor. Não se trata, portanto, de mera mudança de nomenclatura, uma vez que o PTD objetiva uma presença mais ativa em sala de aula, justamente porque sua nova forma de organização permite aos professores o trabalho concomitante de planejar e executar. (Metz; Angelo, 2008, p. 4)

A postura pedagógica do professor implica preparo teórico adquirido no processo de formação inicial e continuada, na troca de experiência entre seus pares e no ato de planejar de maneira consciente. Concordamos com Libâneo (1990), que afirma que o ato de planejar vai muito além do simples preenchimento de formulários para fins burocráticos de uma escola. O plano docente e a participação do professor nesse processo de forma consciente devem ser pensados como peças fundamentais de todo o processo de ensino e aprendizagem da instituição.

4.4 Utilização de tecnologias da informação e comunicação

Vamos analisar, agora, de que forma as TICs podem colaborar para o processo de ensino e aprendizagem das artes visuais.

Atualmente, o professor é quem orienta seus alunos e administra as relações entre ensino e aprendizagem, com o suporte da cultura digital. O uso de TICs é uma realidade para a sociedade e se faz necessária no ensino das artes visuais em contextos formais de educação.

Mason (2001, p. 13) ressalta que as habilidades tradicionais como desenho e pintura perdem seu papel privilegiado, "Uma vez que o conceito de Arte é aberto para incluir não somente as Artes populares, a Arte folclórica e o Artesanato, mas também as novas tecnologias, tais como o vídeo e os computadores".

Contudo, o uso dessas tecnologias, sejam elas as mais antigas, como o vídeo, sejam as mais novas, como as lousas interativas, requer do professor capacitação:

> Como utilizar esta tecnologia que nos permite acessos de maneira a não apresentar respostas prontas e ser desafiadora da busca de novas respostas, que façam sentindo para quem as utiliza. Mas, antes de tudo, este novo a ser apresentado aos alunos é um desafio que deve ser ressignificado antes pelo professor. (Biazus, 2009, p. 11)

Assim, o uso das tecnologias na escola se coloca a serviço do potencial criativo do professor e também dos alunos, sendo uma ferramenta que promove a interação entre os conteúdos.

A união das artes visuais e das tecnologias contribui significativamente para o uso das TICs no ensino, uma vez que se trabalha com especificidades da linguagem hipermídia e hipertextual. A tecnologia no ensino da arte possibilita novas formas de interação com outros lugares, tais como os mundos virtuais, a exemplo do Second Life[1], os jogos e as pessoas de outros contextos.

---

[1] "O Second Life (SL) é um programa que funciona utilizando a internet e simula um mundo virtual em três dimensões, ou metaverso. Sua plataforma se assemelha à interface gráfica de um jogo digital. No entanto, ele se difere dos *videogames* por não possuir objetivos delineados. Um personagem virtual chamado *avatar* é criado e passa a transitar pelo mundo digital do SL interagindo com outros avatares em infindáveis possibilidades que o metaverso proporciona" (Pereira, 2015, grifo do original).

Embora seja frutífera e esperada a união entre a arte e as tecnologias, ela não acontece somente pela vontade do professor ou por imposição da escola. É necessário que haja preparo dos profissionais para aproveitar as possibilidades oferecidas pelas TICs em suas práticas, bem como que se propiciem a eles capacitações que apresentem conhecimentos sobre o desenvolvimento de soluções oferecidas por essas novidades.

Uma das premissas do uso das tecnologias é não descartar o velho em favor do novo. Assim, o preparo para o uso não está em colocar a aposta do sucesso somente na tecnologia, deve-se também investir na capacitação do profissional e na melhoria das metodologias de ensino que vão transitar pelas tecnologias do mundo digital, oferecendo melhores condições de formação para os alunos. É importante lembrar que a postura metodológica do professor se modifica na incorporação das tecnologias como um mediador no processo de aprendizagem.

> Além de objetivos puramente comunicacionais ou de entretenimento, esses artefatos ainda favorecem ao surgimento de formas de aprendizagem abertas que propiciam processos de aprendizagem espontâneos, assistemáticos e mesmo caóticos, atualizados ao sabor das circunstâncias e de curiosidades contingentes. [...]. Com isso, o acesso à informação, à comunicação e à aquisição de conhecimento tornam-se colaborativos, compartilháveis, ubíquos e pervasivos. (Santaella, 2013, p. 287)

Esses conhecimentos contribuem para a ampliação do repertório conceitual e estético do aluno. O fácil acesso do professor às plataformas de interação virtual, como *blogs* e ambientes virtuais de aprendizagem (AVAs), oferece maior proximidade com as questões da realidade do aluno. Isso possibilita a expansão das análises conceituais a outros contextos (Sosnowski; Motta Filho, 2015). Essa expansão está ligada à capacidade criativa, a qual tem se modificado com as influências de novos programas e ferramentas, que permitem realizar tarefas diferenciadas impossíveis de executar sem esses recursos.

As artes visuais pressupõem um processo de alfabetização nessa área de conhecimento. Segundo Sosnowski e Motta Filho (2015), refere-se à capacidade de comunicar e interpretar significados usando as linguagens das disciplinas artísticas; à aquisição de competências; ao uso de sinais e símbolos particulares, distintos em cada linguagem artística, para converter mensagens e significados; e ao entendimento de uma obra de arte no contexto histórico, social e cultural que a envolve, bem como o reconhecimento de suas funções.

Essas formas de percepção e criação receberam a influência das TICs. Mesmo que o professor, como produtor artístico, não se expresse usando essas tecnologias, sendo um orientador, deve conhecê-las para, além de entender o universo em que os alunos trabalham e pensam, ampliar seu conceito de sala de aula, de espaço e tempo e de comunicação visual (Moran; Masetto; Behrens, 2000).

Assim, no cotidiano escolar, à medida que a tecnologia se desenvolve, as artes visuais vão tornando-se aliadas para dar forma à criatividade dos alunos e dos professores.

É possível denominar *ensino das artes visuais tecnológicas* ou *artes visuais computacionais* as práticas em que se utilizam essa máquina e seus *softwares* para o ensino e a aprendizagem dessa linguagem visual. Isso requer formação e informação específicas, da ordem das estruturas de construção do objeto de arte e das tecnologias como linguagem, além de um sujeito leitor sensível, capaz de aprender significativamente.

Nas palavras de Barbosa (1988, p. 14): "um dos papéis da Arte é preparar para os novos modos de percepção largamente introduzidos pela revolução tecnológica e da comunicação de massa". Assim, o estudo de artes visuais, na atualidade, deve obrigatoriamente trabalhar com as tecnologias, de maneira a preparar os alunos para agir nesse contexto tecnológico, sendo a arte um conhecimento construído de forma contínua incessantemente.

Devemos pensar que uma metodologia de artes visuais com a utilização de TICs na contemporaneidade deve estabelecer não só o uso de um recurso audiovisual, como um DVD, em que o aluno seja mero expectador, mas também um uso em que o aluno seja um interlocutor na relação com os aparatos tecnológicos.

O conhecimento em arte acontece na correlação entre experimentação (fazer artístico), decodificação do que está sendo produzido na contemporaneidade (reflexão) e entendimento do que foi produzido no passado (história da arte).

Dessa forma, o aluno conhecerá quem produziu a obra, em que época ou contexto e atribuirá a ela sentido e significado. Se ele faz essa experimentação por meio de uma interlocução com a tecnologia, entende a conjuntura a que pertence, uma vez que ele é usuário constante no mundo digital.

As artes visuais e a tecnologia correspondem a vivenciar a experiência artística por meio do uso das TICs para fazer arte. Para introduzir a ciberarte na metodologia de arte digital, em um processo inicial de trabalho, recomendamos iniciar com pequenos vídeos, valendo-se da técnica *stop motion*[2]. Os vídeos de animação criados com essa técnica podem ser pequenas histórias de vida dos alunos e suas relações com as histórias da arte.

Figura 4.1 – Exemplo de sequência de *stop motion* com a indicação de fotomontagem quadro a quadro

Em síntese, evidenciamos a necessidade de estudar a arte com vistas ao entendimento das linguagens artísticas. No caso das artes visuais, indicamos uma proposta de experiência estética em que o uso de tecnologias de forma interativa possibilite aos alunos a participação no processo de construção do conhecimento, estruturando suas propostas estéticas e comunicacionais.

---

[2] Técnica de animação na qual se trabalha fotografando objetos (fotogramas) um a um, ou seja, quadro a quadro, e alternando suavemente as posições para criar a ilusão de movimento – produzida com fotomontagem.

4.5 Formação em artes visuais: debates sobre a relação entre teoria e prática

Sem dúvida, quanto aos debates de formação para as artes visuais e a relação entre teoria e prática, o maior desafio é a possibilidade de os artistas explorarem novos modelos de interatividade e sociabilidade que convocam o observador a participar da poética das obras. Mas o que queremos dizer com isso?

Ainda persiste o dogma de que arte é para especialistas, embora ela tente se insurgir contra muitas dessas verdades absolutas. Contrariando essa teoria, alguns artistas deslocam o olhar e a prática artística para fora das academias, dos ateliês, das galerias ou das fundações. Esse é o caso do artista Maurício Adinolfi, que, ao conceber e trabalhar com o projeto de sua autoria Cores no Dique[3], desenvolveu-o junto às pessoas de uma comunidade localizada entre as cidades de Santos e São Vicente, no Estado de São Paulo, criando espaços relacionais onde "as pessoas podem entrar em contato entre si" (Bourriaud, 2009, p. 98).

O projeto consistia em uma intervenção artística em Santos para revitalizar as palafitas de uma comunidade por meio de uma reforma. Essas palafitas foram trocadas por madeirites coloridas, mas, para além dessa intervenção (ou *interação estética*, como foi chamada), o objetivo era estabelecer um canal de debates com os moradores, por meio de rodas de conversas e exposição de fotos, além da execução de oficinas com outros profissionais de arte (Figura 4.2). O projeto contou, ainda, com a parceria da Cohab, de órgãos de educação ambiental e de faculdades de arquitetura.

De acordo com Coutinho et al. (2013), o conceito de relações inter-humanas como elemento estético constitui apuro acadêmico. Dispondo de um significativo leque teórico, os autores examinam a formação do professor de Arte na contemporaneidade, propondo um entendimento que vai além das designações *formação inicial/formação continuada*, integrando a produção artística, a pesquisa e a reflexão.

---

3 "O projeto Cores no Dique nasceu de uma parceria entre o artista Maurício Adinolfi e o Ponto de Cultura Arte no Dique, que, por meio do Prêmio Interações Estéticas, realizou um trabalho coletivo de revitalização das palafitas localizadas na comunidade da Vila Gilda, em Santos – SP. As oficinas e os mutirões com os moradores determinaram a substituição dos madeirites apodrecidos por madeirites impermeabilizados e pintados, criando composições na própria estrutura das casas" (Adinolfi, 2009-2010, p. 9).

Esse novo conceito de **arte relacional**, ligada à coletividade, voltada para a humanização de comunidades precárias, é destinado ao circuito das artes visuais que visa à sua democratização.

Figura 4.2 – Imagem do projeto *Cores no Dique*

Maurício Adimolfi – casa do Sr. Manoel

Projeto de Maurício Adinolfi realizado em parceria com os moradores da Vila Gilda e o Instituto Arte no Dique, entre 2009 e 2013, Santos/SP/Brasil. Assistentes: Dna. Helena e Sr. Manoel. Reconstrução e pintura por meio de mutirões de 53 casas de palafita. Prêmio Interações Estéticas, Residências Artísticas em Pontos de Cultura/Funarte.

A arte pode ser trabalhada analisando o objeto estético, as cores e o contexto social da obra, mas, acima de tudo, traz um conceito de coautoria, considerando as experiências dos próprios membros da comunidade participantes da intervenção artística.

No campo teórico da estética, o professor trabalha mais do que elementos estéticos de cores e texturas, ele trata do conceito de *intervenção artística*, que significa uma manifestação organizada por um artista ou um grupo de artistas com o propósito de transmitir mensagens, a fim de questionar e transformar a vida cotidiana. Para o processo de formação docente, significa revisar a práxis no intuito de promover um encontro crítico e sensível entre a arte e o público.

Ressaltamos, por fim, que as artes visuais como produção de conhecimento devem ser reconhecidas como um ponto a ser discutido no processo de formação profissional, não somente na teoria, mas também com vistas a proporcionar a reflexão entre teoria e prática docente, encaminhando-se para os processos de docência artística de maneira a privilegiar a produção, a investigação e o ensino de arte. O professor, na posição de produtor, pesquisador e docente, deve encarregar-se da valorização cultural no contexto em que está inserido.

Síntese

Neste capítulo, analisamos o desenvolvimento da formação de professores para o ensino de artes visuais no país, com destaque para a atuação na EJA, indicando as peculiaridades da docência nesse grupo, como a figura da mediação do professor e do tutor. Reconhecemos a importância das artes visuais como linguagem da arte e como fator de produção cultural e sugerimos ferramentas a serem utilizadas no ensino das artes visuais. Ainda, analisamos a utilização das TICs nos processos de ensino. Por fim, refletimos sobre a prática pedagógica do professor e sua atuação em projetos de aprendizagem.

Indicações culturais

SECOND Life. Desenvolvedor: Linden Lab. 2003.

Trata-se de jogo de simulação, hospedado no ciberespaço, da vida real no mundo virtual em três dimensões, que dependem da criatividade do jogador e de sua interação com o jogo. Essa interação é possível com o mundo em tempo real, em modelagem 3D, permitindo ao jogador personalizar de forma ampla seu avatar.

Atividades de autoavaliação

1. Analise as afirmativas a seguir e indique V para as verdadeiras e F para as falsas.
   ( ) Os eixos de ensino das artes visuais de produzir, apreciar e contextualizar não se aplicam na EJA.
   ( ) As metodologias de trabalho das artes visuais na EJA são as mesmas do ensino ministrado nas demais etapas da educação básica, porém, considerando a experiência dos alunos como pressuposto para a definição da proposta.
   ( ) Um dos aspectos a ser ponderado na formação docente é direcionar o preparo do professor para proporcionar atividades de caráter reflexivo/investigativo nas aulas.
   ( ) No cotidiano escolar, deve-se desvincular a tecnologia do ensino das artes visuais para dar forma à criatividade dos alunos e dos professores como produtores de arte.

   Agora, assinale a alternativa que apresenta a sequência correta:

   a) V, V, F, V.
   b) F, V, V, F.
   c) V, V, F, F.
   d) F, F, V, V.

2. Considerando os eixos de ensino das artes visuais, como apreciar, produzir e contextualizar, relacione a primeira coluna com a segunda.

   1) Apreciar

   2) Produzir

   3) Contextualizar

   ( ) Ação que, para ser realizada, necessita da crítica e da estética.

   ( ) É a ação de domínio da prática artística, por exemplo, o trabalho em um ateliê.

   ( ) Ação que para no domínio da história da arte e de outras áreas do conhecimento relativamente a determinado conteúdo de ensino.

   Agora, assinale a alternativa que apresenta a ordem correta de preenchimento dos parênteses de cima para baixo:

   a) 1, 2, 3.
   b) 1, 3, 2.
   c) 2, 1, 3.
   d) 3, 2, 1.

3. Na perspectiva dos Parâmetros Curriculares Nacionais (Brasil, 1997), a formação de professores deve centralizar-se no trabalho com o contato sensível, bem como o reconhecimento e a análise de formas visuais presentes na natureza e nas diversas culturas. Essa perspectiva pode ser vinculada corretamente ao seguinte parâmetro:

   a) conteúdos relativos às normas técnicas do ensino das artes visuais.
   b) expressão dos alunos em artes visuais.
   c) artes visuais como elemento histórico.
   d) artes visuais como produto de apreciação significativa.

4. No trabalho com tecnologias em sala de aula, quando um professor utiliza vídeos produzidos a partir de fotografias de imagens, quadro a quadro, trata-se da técnica:

   a) *mods*.
   b) *stop motion*.

c) *blender.*
d) *flash.*

5. Analise as afirmativas a seguir e indique V para as verdadeiras e F para as falsas.

( ) O conceito de relações inter-humanas como elemento estético constitui apuro acadêmico. Dispondo de um significativo leque teórico, examina-se a formação do professor de arte na contemporaneidade.

( ) Os aspectos de formação de professores, na atualidade, devem contemplar especificidades técnicas, de modo a conceber apenas o professor artista, que entende melhor seus alunos.

( ) As artes visuais como produção de conhecimento não devem ser reconhecidas como um ponto a ser discutido nos processos de formação mediante um elo de teoria e prática artística.

( ) O processo de formação docente, seja inicial, seja continuada, deve levar o professor a revisar sua práxis no intuito de promover um encontro crítico e sensível entre a arte e o público.

Agora, assinale a alternativa que corresponde à sequência correta:

a) V, V, V, F.
b) F, V, F, V.
c) V, F, F, V.
d) F, F, V, V.

Atividades de aprendizagem

Questões para reflexão

1. Como seria uma proposta de intervenção artística embasada em um projeto como o Cores no Dique?
2. Como você trabalharia com as tecnologias no ensino das artes visuais?

Atividade aplicada: prática

1. Elabore um texto sobre as características da formação docente para Artes Visuais utilizando os pressupostos estabelecidos pela Resolução n. 1/2009 (Brasil, 2009). Contemple as exigências de formação para os licenciados e para os bacharéis, estabelecendo as semelhanças e as diferenças existentes nessas formações.

5

Artes visuais nos contextos de privação de liberdade

Neste capítulo, trataremos do contexto socioeducativo e o ensino das artes visuais. De maneira descritiva, indicaremos como se desenvolve o Programa de Educação em Contexto Socioeducativo (Proeduse), identificando as especificidades do ensino de artes visuais na proposta de socioeducação. Também abordaremos as diferenças entre os alunos do ensino regular, ou melhor, os alunos que não se encontram em privação de liberdade e aqueles que se encontram privados. As características próprias do sistema socioeducativo procuram delinear a ação educativa em contexto de privação de liberdade, estabelecendo a proposta educativa nessas unidades, que apresentam peculiaridades relativas a materiais de estudo e uso de tecnologias.

5.1 Programa de educação em ambientes socioeducativos

Você já ouviu falar em socioeducação? Sabe o que significa um programa de educação em unidades socioeducativas?

Nesta seção, vamos tratar da especificidade desse processo de escolarização em unidades destinadas à guarda e à tutela de adolescentes que cometeram ato infracional – as unidades de socioeducação.

As unidades socioeducativas, embora recebam nomes específicos e diferenciados nas várias unidades da Federação, podem ser de dois tipos. O primeiro são as **unidades de internação provisória**, onde os adolescentes ficam por 45 dias aguardando decisão judicial. Nesse período, mesmo provisório, é direito do aluno receber escolarização. Após a decisão judicial, caso receba medida socioeducativa de internação, ou seja, se o adolescente for sentenciado a cumprir pena, ele é encaminhado a **unidades especializadas em internação**, sendo esta reavaliada a cada seis meses, ou seja, uma medida de internação pode durar de seis meses a três anos. Nesse segundo tipo de instituição, o adolescente tem direito a receber escolarização e qualificação profissional, bem como a realizar atividades culturais e de lazer, ser tratado com respeito e dignidade, entre outros princípios previstos no art. 24 do Estatuto da Criança e do Adolescente (ECA – Lei n. 8.069, de 13 de julho de 1990) (Brasil, 1990).

O período de cumprimento da medida provisória deve garantir aos adolescentes amplas possibilidades de continuar ou retomar sua trajetória escolar.

A proposta educacional de atendimento socioeducativo é amparada também pelo Sistema Nacional de Atendimento Socioeducativo (Sinase), que, em seu eixo estratégico, refere-se à *educação prioritária da socioeducação*, definindo-a como dimensão ético-pedagógica que enfatiza a articulação com o sistema educacional público, com vistas a garantir a todos os adolescentes o acesso à educação formal, bem como o desenvolvimento de conteúdos escolares, artísticos e culturais de modo interdisciplinar. Essa articulação garante ao adolescente em conflito com a lei, no cumprimento de medida socioeducativa, o direito à escolarização.

Nesse perfil de consideração da importância da dimensão ético-pedagógica, as unidades da Federação devem se preocupar com a organização pedagógica de um programa escolar, que, em alguns espaços, são estruturados por ciclos de aprendizagem e, em outros, pela proposta de educação de jovens e adultos, seguindo os parâmetros estabelecidos pelas Diretrizes Curriculares Nacionais da Educação de Jovens e Adultos (Brasil, 2000a).

A modalidade de educação de jovens e adultos (EJA) foi criada e é ofertada em caráter compensatório àqueles que, ao longo da vida, tiveram o direito de acesso à educação escolar violado e que, além disso, por meio da prática social e, fundamentalmente, do trabalho, ao longo de seu desenvolvimento, tiveram a possibilidade de acessar conhecimentos que lhes permitissem a inserção e a manutenção nesses espaços. Tais conhecimentos, no processo educativo formal na EJA, são acessados conforme a realidade do público, que atende à oferta de forma a diagnosticar a necessidade social. Os conhecimentos do senso comum e vivenciados, de maneira geral, com grande dificuldade por esse público acabam sendo o ponto de partida que subsidia o trabalho docente. Considerar esses saberes contribui para uma educação de qualidade e abre com mais facilidade as possibilidades da reelaboração dos conhecimentos quando forem acrescidos os estudos científicos. Essas questões pretendem reconhecer as especificidades dos adolescentes privados de liberdade diante de sua inserção na prática social.

Em alguns estados da Federação, opta-se pela EJA como modalidade da educação básica para a oferta de escolarização na socioeducação, por se reconhecerem, em sua concepção teórica e metodológica, possibilidades de valorizar as culturas e os descompassos sociais vividos pelos adolescentes atendidos nesse sistema.

5.2 Ensino na socioeducação

A arte é uma forma de expressão e de organização social. Reflete a cultura de um povo por meio de suas manifestações artísticas consoante o momento histórico em que está situado.

O ensino da arte deixa de ser coadjuvante no sistema educacional e passa a fazer parte do desenvolvimento do sujeito perante uma sociedade construída historicamente e em constante transformação.

Tendo como referencial as Diretrizes Nacionais para o Atendimento Escolar de Adolescentes e Jovens em Cumprimento de Medidas Socioeducativas, instituídas pela Resolução CNE/CEB n. 3, de 13 de maio de 2016 (Brasil, 2016), e visando pensar o socioeducando como um sujeito histórico e social, a disciplina de Arte para o ensino fundamental tem como elementos basilares: arte e cultura; e arte e linguagem. No ensino médio, são apontadas três interpretações fundamentais: arte e ideologia; arte e seu conhecimento; e arte e trabalho criador (Paraná, 2008)[1]. Essas abordagens norteiam e organizam a metodologia, a seleção dos conteúdos e a avaliação na prática escolar.

---

[1] Vale ressaltar que apresentamos, aqui, a título de exemplo, a experiência desenvolvida na socioeducação do Paraná e, para tal, são consideradas as Diretrizes Curriculares de Arte para a Educação Básica, documento construído coletivamente no ano de 2008 por professores da rede pública estadual.

Os Parâmetros Curriculares Nacionais (PCN) estabelecem, na organização da disciplina de Arte, que seu objeto de estudo compreende os conhecimentos estético, artístico e contextualizado. Entende-se por *conhecimento estético* aquele teorizado sobre a arte e produzido nas ciências humanas, como filosofia, sociologia, psicologia, antropologia e literatura. Já o *conhecimento artístico* refere-se ao fazer artístico e ao processo criativo (Brasil, 1997).

O *conhecimento contextualizado* é o elo entre o conhecimento estético e o artístico, ou seja, o contexto de conhecimento estético e artístico do aluno e da comunidade em que está inserido, bem como sua relação com o saber sistematizado em arte. Outra dimensão do contexto é o estudo da origem social e histórica do conhecimento específico em arte. Esse contexto deve ser compreendido como resultado de experiências sociais dos sujeitos históricos produtores de saberes. Assim, o objetivo do ensino da arte na socioeducação é favorecer a apropriação do conhecimento estético pelos socioeducandos e, a partir disso, contribuir para a construção da autonomia do indivíduo no contínuo e complexo processo de estar no mundo.

Dessa forma, considerando que, em todos os estados da Federação, é obrigatória a oferta de escolarização nos espaços socioeducativos e que a maioria opta pela oferta da EJA, observam-se as orientações e as regulamentações instituídas no Parecer CNE/CEB n. 11, de 7 de junho de 2000 (Brasil, 2000a). Esse parecer estabelece que a Arte é disciplina obrigatória e prevê o ensino de suas linguagens: artes visuais, teatro, música e dança.

De que forma essas linguagens são ensinadas na socioeducação?

Considera-se como pressuposto de ensino das linguagens artísticas, no trabalho com os adolescentes em conflito com a lei, aquilo de bom que eles trazem consigo. Isso significa que o processo de produção artística dos alunos de socioeducação dá ressignificação à arte para esses educandos.

Trabalhar com o ensino das artes visuais na socioeducação exige uma postura diferenciada do professor, especialmente diante das dificuldades enfrentadas, como a resistência dos educandos para se expressarem artisticamente, uma vez que sempre julgam que não sabem desenhar.

Para que o processo de ensino e aprendizagem se realize, é preciso pensar em uma escola diferenciada, na qual o profissional da educação esteja sempre buscando melhorar sua prática, visto que "a práxis, é reflexão e ação dos homens sobre o mundo para transformá-lo. Sem ela, é impossível a superação da contradição opressor-oprimido" (Freire, 1997, p. 38).

Ao pensar na práxis proposta por Paulo Freire, objetiva-se estabelecer uma prática pedagógica diferenciada na socioeducação, com oportunidades de criação e participação em experiências metodológicas, tecnológicas e práticas docentes de caráter inovador e interdisciplinar. O ideal é superar os problemas identificados no processo de ensino e aprendizagem da arte, contribuir para a articulação entre a teoria e a prática, bem como prezar pela qualidade das ações em sala de aula, de maneira que seja possível trabalhar as artes visuais em um ambiente socioeducativo. Essa tarefa visa sensibilizar o aluno para que as atividades desenvolvidas sejam significativas e humanizadoras, permitindo ao adolescente ampliar a visão de mundo.

Os eixos de trabalho das artes visuais (produzir, apreciar e contextualizar) são os mesmos com o trabalho no ensino regular. Então, o que muda na socioeducação? Na verdade, embora os eixos sejam os mesmos, a abordagem de conteúdos se diferencia, pois os alunos da socioeducação têm em sua trajetória escolar sérios problemas para permanecer na escola. Eles colecionam constantes reprovações e evasões no processo educacional. É preciso estabelecer uma prática pedagógica que seja carregada de significados e próxima da realidade cultural desse público.

Isso implica afirmar que a ação pedagógica significativa em arte deve partir do que os adolescentes consideram arte, aquela que se aproxima de sua escolha social, para, em seguida, propor a inserção da arte conectada com a história da humanidade e suas manifestações, também conhecida como *arte acadêmica*.

5.3 Perfil do socioeducando

No contexto nacional, em que pese estar em conflito com a lei, o adolescente é um ser integral, de quem fazem parte os aspectos físicos, emocionais, sociais e espirituais. Uma intervenção sobre sua realidade deve levar em conta suas necessidades em todas as áreas – escolaridade, lazer, cultura, formação profissional, entre outras.

De acordo com o Programa de Educação nas Unidades Socioeducativas (Paraná, 2014), não há um perfil claramente definido desse segmento, pois se misturam classes sociais, níveis de escolaridade, histórias familiares. Muitos adolescentes vivem com os pais biológicos, com condição de subsistência garantida e, mesmo assim, acabam em unidades socioeducativas. Esse fato contraria a tese de que famílias desestruturadas (compreendidas pelo senso comum como aquelas sem a presença de um dos pais) originam filhos delinquentes (Paraná, 2014).

No entanto, muitas crianças e adolescentes das classes economicamente menos favorecidas estão se desenvolvendo de forma fragmentada, sem usufruir de um ou mais componentes que caracterizam um crescimento saudável: acesso aos bens sociais, proteção emocional, valores básicos essenciais à vida, sentimento de pertença e outros, gerando vulnerabilidades pessoais e sociais. Todos esses fatores acarretam uma relação com outros grupos de risco, como os vinculados ao tráfico de drogas e os de dependentes químicos, que são marcados pela violência.

O ECA e, posteriormente, o Sinase trazem uma completa transformação no panorama legal, operando uma mudança de referenciais e paradigmas na ação da política nacional, com reflexo em todas as áreas, especialmente no plano do trato da questão infracional.

Considera-se o adolescente uma pessoa em desenvolvimento, sujeito de direitos e destinatários de proteção integral. Para efeitos da lei, encontra-se o adolescente na faixa etária compreendida entre 12 e 18 anos de idade (Brasil, 1990).

Alguns aspectos devem distinguir as medidas socioeducativas. Elas precisam ser aplicadas de acordo com as características da infração, da disponibilidade de programas, das circunstâncias sociofamiliares e do histórico do adolescente, visando, acima de tudo, oportunizar a superação da condição de exclusão social.

De acordo com dados do Conselho Nacional de Justiça, entre os adolescentes autores de atos infracionais, há uma significativa defasagem na relação idade-série. Mais de 80% desses jovens não concluíram o ensino fundamental, apesar de terem, em média, 16,7 anos de idade. Identifica-se também um histórico de afastamento da escola: "quase 60% dos jovens em medida socioeducativa de internação no país já não frequentavam a escola antes de ingressar na referida medida e interromperam os estudos por volta dos 14 anos" (CNJ, 2012).

Maziero e Alberini (2014, p. 5) avaliam:

> Os adolescentes em conflito com a lei tendem a ter poucos anos de estudo, com abandono escolar secundário dada a necessidade de trabalhar, dificuldade de conciliar escola com trabalho, desentendimento com professores e colegas, desestímulo quanto à competência escolar atestado por reprovações repetidas, baixa qualidade do ensino, pouca supervisão familiar no que se refere frequência escolar do jovem.

Essa característica tem impacto sobre o ensino das artes visuais, uma vez que os internos no ambiente socioeducativo, os quais enfrentaram o abandono escolar e o distanciamento do conhecimento escolar sistematizado, apresentam dificuldades para trabalhar com a arte. É necessário, então, que o professor, com muita habilidade, descubra os conhecimentos que esses alunos trazem consigo, fazendo com que aceitem participar das atividades.

Além disso, o professor das Artes Visuais deve introduzir seus alunos em certa categoria de aprendizagem dotada de valor, sendo ele próprio praticante do conhecimento apresentado. É por esse motivo que a produção artística do adolescente em conflito com a lei deve partir de capacidades e atitudes que o professor considera desejáveis.

Esse ponto é importante, visto que, no cotidiano das artes visuais, o aluno traz como referências artísticas as manifestações da arte urbana, consideradas ilegais, como a prática da pichação, embora muitos se intitulem grafiteiros. Nesse contexto, os conceitos das artes visuais os ajudam a diferenciar o grafite da simples pichação.

O ponto de partida com esses alunos compreende, então, descontextualizar esse aprendizado, de maneira a dotá-los de conhecimento crítico nas visualidades, para ampliar a percepção visual desses estudantes. As práticas devem possibilitar a produção de conhecimentos, para que se consiga consolidar uma metodologia de referência no sistema de atendimento a adolescentes autores de atos infracionais.

5.4 Materiais utilizados na socioeducação

Para analisar a questão dos materiais utilizados no ambiente socioeducativo, vamos dividir esse tema em dois tópicos. O primeiro diz respeito ao uso de materiais de trabalho, que demanda preocupações com a segurança inexistentes nos ambientes escolares considerados regulares. O segundo é sobre o uso de materiais didático-pedagógicos.

O uso de **materiais de trabalho** no ambiente socioeducativo é restrito e controlado, porque as questões de segurança são prioritárias nesses espaços. Com uma proposta de trabalho fundamentada, é possível que o professor trabalhe com uma diversidade de materiais, como lápis técnico de desenho, esfuminhos, giz pastel, tintas, suportes variados (madeira, tela, papel, tecido), pincéis, espátulas, entre outros. Em alguns ambientes, somente o grafitão é utilizado, com vistas a garantir a segurança dos professores e a dos próprios adolescentes.

O **material didático-pedagógico** utilizado no ambiente socioeducativo deve ser pensado para atender às características de determinada região, comunidade ou grupo, em razão da diversidade de costumes e culturas.

Dessa maneira, o professor que trabalha com determinada comunidade é a pessoa mais indicada a pesquisar, pensar e produzir o próprio material didático-pedagógico, articulando-o de acordo com o contexto em que atua, com seus alunos e com o lugar em que se encontram, elaborando também a melhor metodologia para desenvolver seus projetos e suas aulas.

Em experiências visuais com alunos da socioeducação, apenas a apresentação de imagens em um livro impresso pode não provocar o engajamento de proposições estéticas do artista. É necessário que a imagem apresentada remeta a algo que tenha significado para a vida dos alunos.

Apresentar a imagem de um artista em determinado período ou movimento pode não despertar o interesse pela aprendizagem se o professor não souber aproximar esse conteúdo do contexto dos alunos.

O quadro de Gustav Klimt (Figura 5.1) representa dois movimentos artísticos e poderia ser exibido aos alunos como representação do simbolismo e também do movimento *art nouveau*, não é mesmo? Essa simples apresentação, porém, estaria distante do cotidiano artístico dos alunos da socioeducação. Como, então, provocar o olhar deles acerca da estética, com critérios de percepção e julgamento a respeito dos valores sensíveis contido nesse objeto de arte?

Uma solução possível é o trabalho com folhetos sobre uma coleção de livros que reúne releituras de obras famosas com os personagens das histórias em quadrinhos. Dessa forma, podem-se empregar os três eixos da manifestação visual, formando, para os alunos da socioeducação, conceitos relacionados aos movimentos da arte em seus mais variados momentos.

Figura 5.1 – *Woman in Gold*, de Gustav Klimt

KLIMT, G. **Woman in Gold**. 1907. 1 óleo, prata e ouro sobre tela, color.: 138 × 138 cm. Neue Galerie, New York, Estados Unidos.

Como ponto de partida para uma atividade semelhante, outra sugestão é a pesquisa de imagens artísticas que são revisitadas e utilizadas pela publicidade, visto que elas podem, nesse contexto, embassar o estudo da obra e do artista original.

Na Figura 5.2, mostramos o momento de produção em que o aluno relê a obra de Klimt em papel e giz pastel. Ao lado, o resultado de sua produção.

Figura 5.2 – Fotografias de desenvolvimento de produção artística com a utilização de personagens das histórias em quadrinhos

Do estímulo que se dá ao aluno da socioeducação depende o resultado daquilo que ele produz como manifestação artística. Esse é o principal objetivo das artes visuais no ensino socioeducativo, de qualquer modalidade. Não importa a escolha do material didático, o fundamental é ponderar a natureza e a estética própria de seus alunos, que, consequentemente, refletirão em sua cultura, propondo abordagens de temas como a arte acadêmica, a cultura popular, o artesanato ou o uso de tecnologias contemporâneas.

5.5 Driblando a privação de liberdade: utilização de ferramentas tecnológicas em contextos socioeducativos

Uma das formas de trabalhar com as artes visuais em ambiente socioeducativo, de maneira a despertar o interesse dos alunos pela aprendizagem, ou mesmo recuperar o desejo por aprender, é utilizar a tecnologia e as mídias como complementos fundamentais a serem acrescidas ao programa escolar. Podem ser adotadas tanto como facilitadoras do processo de aprendizagem quanto como recusrsos de expressão para os alunos, o que significa empregar as tecnologias e mídias para além de seu sentido utilitário.

E como fazer esse uso significativo das tecnologias com o aluno da socioeducação privado de liberdade? Não é possível ao aluno acessar a internet, mas é possível que o professor propicie o uso de tecnologias que viabilizem, por exemplo, o contato desse aluno com obras de arte disponíveis em museus, uma espécie de visita guiada em museu virtual, considerando que estratégias ligadas ao uso de mídias e tecnologias favoreçam o desenvolvimento da capacidade criativa e o reconhecimento do próprio talento, com o consequente resgate da autoestima.

A apropriação tecnológica e social ocorre enquanto os alunos descobrem o mundo que os cerca e vão percebendo e se aproximando das possibilidades de usar as tecnologias da informação e da comunicação a seu favor.

Assim, usar a arte urbana e suas manifestações como pontapé para o trabalho deixa os socioeducandos mais à vontade para expressarem-se, não só plástica, mas também verbal e musicalmente, possibilitando um diálogo aberto sobre as manifestações da arte na sociedade que se aproxima do mundo significativo deles. O vínculo que os adolescentes têm com a expressão da arte urbana em todas as suas expressões desempenha um poder de convencimento que os engaja a participar das atividades propostas.

Para romper as barreiras espaciais, uma vez que estão privados de liberdade e não podem, por exemplo, acompanhar uma exposição em cartaz em um teatro, utilizam-se a tecnologia e as mídias, levando aos alunos as exposições virtuais de arte que estão ou estiveram em cartaz nos museus ou teatros do mundo. A apresentação das obras é feita, geralmente, por meio de computadores e projetor multimídia. Tecnologias mais antigas, como o projetor de *slides*, também funcionam muito bem, uma vez que exercem um fascínio, pois muitos deles sequer viram esse aparelho em suas vidas.

Assim, cabe ao professor mostrar à equipe diretiva e pedagógica da unidade socioeducativa que é possível e necessário o uso significativo e eficaz das mídias e das tecnologias como complementar no processo de ensino e aprendizagem. É importante demonstrar a necessidade desse uso para a inserção social e estabelecer um processo de ensino que crie uma alternativa para melhorar a qualidade da educação nesses espaços.

Para isso, o projeto de modificação da prática pedagógica deve iniciar-se com a concepção de que a formação artística e cultural é indispensável. Por meio da experiência artística, torna-se possível conhecer (e reconhecer), inquietar-se, reordenar e recriar signos e significados, apontando meios pelos quais as realidades podem ser transformadas, simbólica e concretamente.

O reconhecimento das artes visuais, bem como das práticas e dos saberes da cultura, como estratégicos à qualificação da educação oferecida no ambiente socioeducativo pode redimensionar a educação como processo de produção e compartilhamento de saberes, expandindo sua concepção tradicional de acesso ao conhecimento e às informações e provocando alterações nas formas de pensamento e de expressão, em processos e atitudes mentais, nas pautas da percepção e na produção de sentidos.

O ensino das artes visuais com as mídias e tecnologias apresenta uma proposta que se opõe aos processos de homogeneização promovidos, sobretudo, pela cultura de massa. A cultura jovem é desvalorizada, de modo geral, por adultos, que oferecem pouca condição de diálogo. A proposta de artes visuais de uma unidade socioeducativa deve sugerir o desenvolvimento de espaços culturais para valorizar a participação juvenil no mundo cultural, destacando experiências coletivas de criação capazes de construir laços entre os atores (alunos e alunas) como protagonistas do processo e de seus territórios (momentaneamente demarcados pelo espaço socioeducativo).

É importante considerar que essas manifestações estão presentes tanto nas práticas mais tradicionais da cultura popular (caso do folclore, por exemplo) quanto entre as mais experimentais, protagonizadas por esses adolescentes que compõem o ambiente socioeducativo (a exemplo do *hip-hop*).

A metodologia empregada no ensino das artes visuais na unidade socioeducativa precisa contemplar um período para diagnóstico do conhecimento prévio dos alunos sobre a disciplina. Com base nesse levantamento, serão mobilizadas intervenções artístico-culturais, instaurando-se um campo de pesquisa ao mesmo tempo reflexivo e poético. Nessas intervenções, é necessário organizar espaços para os debates, que os alunos utilizam como canal de expressão.

O trabalho diferenciado, propiciado pelo desenvolvimento das artes visuais, busca introduzir não apenas o audiovisual, mas também a interação desses alunos com as tecnologias. Ele age como protagonista no processo educacional e no uso das tecnologias, nas atividades voltadas ao conhecimento, de modo a ampliar o repertório de linguagens com as quais professores e educandos se relacionam e se expressam, integrando nesse processo. A cultura do cotidiano desses adolescentes forja sua visão de mundo e sua identidade.

Dessa maneira, busca-se contornar os problemas de aprendizagem e de expressão artística desses alunos com trajetórias marcadas pela conduta infracional, principalmente com a aplicação de um processo de ensino e aprendizagem diferenciado. Oportunizar ao adolescente o contado com a arte e possibilitar a ele apreciar o belo, sensibilizar-se e valorizar as manifestações artísticas no meio em que está inserido contribuem para o desenvolvimento de suas habilidades sociais. Por isso, é imprescindível a compreensão, dos professores atuantes nos centros de socioeducação, de que o apoio ao adolescente autor de ato por parte infracional, chamado de *socioeducando*, diminui o risco de reincidência e aumenta a eficiência das medidas socioeducativas.

Síntese

Neste capítulo, abordamos a proposta de educação que se desenvolve nos ambientes socioeducativos, identificando as especificidades das atividades de artes visuais nesses ambientes. Mostramos o perfil do socioeducado (adolescente em conflito com a lei) para auxiliar na compreensão das diferenças entre os alunos das escolas regulares e os educandos em privação de liberdade. Ainda, exploramos as peculiaridades dos materiais utilizados nesses espaços, ressaltando a diferença entre materiais físicos e materiais pedagógicos. Concluímos constatando a necessidade de adoção de ferramentas tecnológicas para educandos em privação de liberdade.

Indicações culturais

OSGEMEOS. Disponível em: <http://www.osgemeos.com.br/pt>. Acesso em: 17 abr. 2019.

> Conheça o trabalho de Gustavo e Otávio Pandolfo (Os Gemeos), que iniciaram suas atividades com o grafite, influenciados pelo artista Alfredo Volpi, e que, na atualidade, são conceituados pelo mundo das artes como artistas contemporâneos de grande influência visual.

GOOGLE Arts & Culture. Disponível em: <https://artsandculture.google.com/project>. Acesso em: 17 abr. 2019.

> Consulte a relação de museus virtuais disponíveis no Google Art Project para enriquecer as aulas de Artes Visuais.

Atividades de autoavaliação

1. Sobre a proposta de educação em ambientes socioeducativos, assinale a alternativa correta:
   a) A proposta de educação deve considerar os mesmos procedimentos metodológicos traçados para o ensino regular.
   b) A EJA não se adapta à proposta de socioeducação em razão de seu caráter compensatório.
   c) A ação educativa na privação de liberdade apresenta características específicas de materiais de estudo e do uso de tecnologias para esses educandos.
   d) Os alunos do sistema socioeducativo participam normalmente das atividades oferecidas pelas escolas do ensino regular, recebendo atendimento especial nesses mesmos espaços.

2. Sobre o ensino das artes visuais no ambiente socioeducativo, assinale a alternativa correta:
   a) O professor de Artes Visuais no sistema socioeducativo deve introduzir em seus alunos certa categoria de aprendizagem dotada de valor que se liga a ele próprio quando pratica o conhecimento a que está sendo apresentado.
   b) As abordagens das artes visuais no sistema socioeducativo devem atender os alunos da socioeducação com as mesmas abordagens utilizadas nas escolas convencionais, seguindo os eixos apreciar, produzir e contextualizar.
   c) A ideia que a maioria dos alunos da socioeducação tem de arte são as manifestações da arte acadêmica e, mais especificamente, a arte erudita concebida na arte europeia.
   d) O processo de produção artística na socioeducação é mais fácil de ser realizado com os modelos disponíveis em museus, e as obras abstratas são as que mais chamam a atenção dos adolescentes.

3. Quanto ao perfil dos adolescentes, alunos das artes visuais nos ambientes socioeducativos, assinale a alternativa correta:
   a) Têm o ensino fundamental completo quando adentram o sistema socioeducativo.
   b) São apenas estudantes que se dedicam ao estudo da arte como contexto histórico.
   c) Apresentam o conteúdo de arte relacionada à arte urbana, e cabe ao professor descontextualizar esse aprendizado para dotá-los de conhecimento crítico nas visualidades.
   d) Têm conhecimento crítico de todas as visualidades dessa linguagem artística e conseguem transitar por elas sem dificuldades de entendimento.

4. Analise as afirmativas a seguir e indique V para as verdadeiras e F para as falsas.
   ( ) Os materiais de trabalho utilizados na socioeducação não apresentam restrições de uso, pois estão em espaço socioeducativo.
   ( ) Não existe material didático específico para o trabalho com os socioeducandos, e o professor precisa ponderar as peculiaridades desse ensino, as condições geográficas e as especificidades do perfil desses educandos para montar o material.
   ( ) Os materiais didáticos construídos para atuação em ambientes socioeducativos consideram a experiência do educando na arte acadêmica para transmitir esses conhecimentos.
   ( ) O material de trabalho é restrito e controlado, tendo em vista que as questões de segurança são prioritárias no ambiente socioeducativo.

   Agora, assinale a alternativa que corresponde à sequência correta:

   a) V, V, F, F.
   b) F, V, F, V.
   c) V, F, V, F.
   d) F, F, V, V.

5. A proposta de artes visuais de uma unidade socioeducativa deve:
   a) valorizar as experiências individuais, com o objetivo de destacar os talentos de produção artística elevada.
   b) sugerir o desenvolvimento de espaços culturais para valorizar a participação juvenil no mundo cultural da unidade socioeducativa.
   c) demonstrar os conhecimentos que o aluno já detém no percurso acadêmico das artes visuais, a fim de se sobrepor os conteúdos técnicos.
   d) entender os modos de produção artística brasileira e os destaques da cultura acadêmica em artes visuais.

Atividades de aprendizagem

Questões para reflexão

1. Como você descreveria o ensino das artes visuais no ambiente socioeducativo? Que aspectos preicsam ser podenrados para que esse ensino seja eficaz?

2. Como você entende e caracteriza a prática artística dos alunos da socioeducação de acordo com as propostas de ensino apresentadas neste capítulo?

Atividade aplicada: prática

1. Consulte o artigo indicado a seguir e elabore um fichamento observando os passos sugeridos:

MARINHO, C. de F. F.; OLIVEIRA, A. A. de. **A arte-educação e o adolescente em privação de liberdade**. Disponível em: <https://eventos.fe.ufg.br/up/248/o/1.2.__36_.pdf>. Acesso em: 31 mar. 2019.

   a) Realize uma primeira leitura do texto para se familiarizar com o conteúdo.
   b)) Faça outras leituras, agora, registrando as ideias principais e as citações que você considera importantes.
   c) Elabore o fichamento textual do artigo, incluindo sua opinião crítica sobre o tema.

6

Materiais de artes visuais na educação de jovens e adultos e na educação a distância

Neste capítulo, analisaremos os materiais didáticos de artes visuais de educação de jovens e adultos (EJA) em diferentes contextos, com vistas a identificar, na proposta pedagógica, os aspectos que devem ser considerados quando de sua elaboração. O principal objetivo é verificar as especificidades de propostas pedagógicas nos contextos das etapas de ensino fundamental, de ensino médio e do espaço socioeducativo em cenários diversos, presenciais ou a distância.

6.1 Proposta pedagógica

Para iniciar a construção de uma proposta pedagógica, é preciso desenvolver a concepção de arte como um produto das relações socioculturais, políticas, econômicas e tecnológicas. Também é necessário reconhecer que, por meio dela, o ser humano humaniza-se, transforma-se e torna-se consciente de sua existência, sendo ela individual ou coletiva. Além disso, por essas transformações, as pessoas relacionam-se com diferentes formas de conhecimento e culturas.

Outro aspecto a ser levado em conta na elaboração de uma proposta pedagógica se refere aos saberes específicos da linguagem artística, organizada no contexto do tempo e do espaço escolar e que possibilita a ampliação do horizonte perceptivo, da sensibilidade, do senso crítico e da criatividade.

Também para a construção de uma proposta pedagógica, é preciso atentar para a mediação do professor sobre os conteúdos historicamente consolidados nessa linguagem artística, visando aprimorar a capacidade do aluno de analisar e compreender signos verbais e não verbais dos quais as artes são constituídas nas diferentes culturas.

Portanto, ao conceber uma proposta pedagógica de ensino das artes visuais, pensamos nos conceitos de homem, de mundo e de sociedade que queremos formar, tendo em vista os pressupostos teóricos estabelecidos nas Diretrizes Curriculares Nacionais, tanto de ensino fundamental (Brasil, 1998a) quanto de ensino médio (Brasil, 2012), além, é claro, das diretrizes de formação (Brasil, 2009) a serem seguidas pelos cursos de graduação na elaboração de projetos pedagógicos de oferta de graduação.

As propostas alternativas para a formação de professores de artes visuais têm na **pesquisa** a base da ação pedagógica, considerando a diversidade de contextos culturais na elaboração de propostas em espaços formais e não formais de educação.

Aos futuros docentes de artes visuais, é importante o estímulo ao interesse investigativo na correlação entre ensino de arte, comunidade e culturas visuais, a fim de promover a discussão sobre arte acadêmica, arte pública, arte popular, identidade e memória, patrimônio (material e imaterial) e acervo cultural, afastando-se da centralização de conceitos predominantes sobre o que é "arte".

6.2 Proposta de ensino na educação de jovens e adultos para o ensino fundamental

Quando se inicia um processo de docência na escola, muitas dúvidas surgem nessa tarefa complexa que é o ato de ensinar.

A EJA – modalidade adequada para alunos que não tiveram a oportunidade de estudar em idade própria – deve contar com uma proposta pedagógica específica, que observe o perfil dos educandos jovens, adultos e idosos.

Em uma proposta pedagógica para o ensino fundamental de EJA, é necessário atentar aos eixos curriculares previstos nas diretrizes de EJA, instituídas pelo Parecer CNE/CEB n. 11, de 10 de maio de 2000: **cultura**, **trabalho** e **tempo** (Brasil, 2000a).

A proposta em artes visuais deve ser pensada para que a arte assuma um novo papel. Dessa forma, é preciso ter a clareza da dificuldade de sua definição e da diversidade teórica a ela relacionada, não havendo um só dizer universal sobre arte. O professor e os alunos podem optar por realizar várias situações teóricas para sustentar propostas curriculares e metodológicas. Um exemplo de sistematização da disciplina de Arte na linguagem de artes visuais foi estabelecido no Paraná, no ano de 2008, quando se organizaram os conteúdos curriculares em eixos distintos, principalmente no ensino fundamental.

Assim, a abordagem de conteúdos no ensino fundamental pode ser estruturada da seguinte forma (Paraná, 2008):

- **Arte e cultura** – Propicia ao aluno reflexões a respeito da diversidade cultural e possibilita leituras dos signos artísticos existentes na herança cultural e na cultura de massa, além de promover discussões sobre a indústria cultural, a fim de compreender de que forma esta interfere na sociedade e censura as produções/manifestações com as quais os sujeitos se identificam.
- **Arte e linguagem** – Permite ao aluno perceber e interpretar os valores socioculturais e as expressões nas produções/manifestações representadas na forma de bens materiais e imateriais das linguagens artísticas. Na escola, a organização dessa disciplina estará pautada por três conteúdos estruturantes: elementos básicos, produções/manifestações e elementos contextualizadores.

Debater arte de forma articulada com a cultura e a linguagem permite também vislumbrar com maior amplitude o objeto de estudo da disciplina, que é composto de conhecimentos estéticos, artísticos e contextualizados.

Agora, quanto à organização dos conteúdos, cabe perguntar: Você sabe o que significa a expressão *conteúdos estruturantes*? Conhece as Diretrizes Curriculares do Ensino da Arte?

O termo *conteúdo estruturante* foi cunhado nas Diretrizes Curriculares do Ensino da Arte, instituídas no Estado do Paraná no ano de 2008, com vistas a colocar em prática os conceitos estabelecidos pela discussão nacional sobre diretrizes relativas a todas as disciplinas da educação básica. O documento foi fruto de discussões realizadas entre educadores, por área do conhecimento, promovidas pela Secretaria de Educação do Estado, e a revisão final contou com a colaboração de autores de renome nacional, que deram oficialidade ao documento e instituíram discussões como a dos conteúdos estruturantes do ensino de cada disciplina.

Denominam-se *conteúdos estruturantes* os conhecimentos de maior amplitude, as partes mais importantes de determinada disciplina. No caso das Artes Visuais, fazem parte dos conteúdos estruturantes de ensino fundamental (Paraná, 2008):

- **Elementos básicos da linguagem artística** – Presentes em todas as linguagens artísticas, desdobram-se em conteúdos específicos em cada uma delas. O socioeducando, como artista/autor, organiza elementos da linguagem trabalhada visando à criação artística e gerando signos que possibilitam a interpretação para o espectador/fruidor.
- **Produções/manifestações artísticas** – Também presentes em todas as linguagens artísticas, configuram a organização e a articulação dos elementos básicos na forma de composição, interpretação ou improvisação, ou seja, naquilo que é percebido pelos sentidos humanos.
- **Elementos contextualizadores** – Ampliam e aprofundam a apreensão do objeto de estudo. Abrangem a contextualização histórica (social, política, econômica e cultural), autores/artistas, gêneros, estilos, técnicas, várias correntes artísticas e as relações identitárias (local/regional/global) tanto do autor quanto do aluno com a obra.

Você lembra que existem três eixos no trabalho com as artes visuais? Os eixos de produzir, apreciar e contextualizar. Observando os conteúdos estruturantes das artes visuais no ensino fundamental, verificamos que existem três blocos em que esses conteúdos se organizam, não é mesmo? É porque a organização desses blocos de conteúdos estruturantes está ligada aos eixos de trabalho das artes visuais.

6.2.1 Exemplo de proposta no ensino fundamental da educação de jovens e adultos

Para a utilização de múltiplas linguagens artísticas nas atividades com as artes visuais no ensino fundamental da EJA, sugerimos uma conexão entre a música e as artes visuais.

A seguir, vamos observar uma proposta de atividade realizada na disciplina de Arte, intitulada *Abrindo os ouvidos*.

A proposta trabalha com a leitura plástica de músicas populares brasileiras e músicas clássicas, com vistas a conhecer o repertório musical, entender o significado das canções e representá-las de acordo com a percepção auditiva e visual de cada aluno. O material didático foi produzido pela professora Maziero (2015), que adotou também os seguintes recursos complementares:

a) letra da música *Súplica cearense*;
b) versões da música *Súplica cearense*, interpretada por Luiz Gonzaga e por Raimundo Fagner;
c) vídeos disponíveis na internet da música *Súplica cearense*;
d) dicionários da língua portuguesa;
e) texto produzido pela professora intitulado *Abrindo os ouvidos*.

Observe a sequência da proposta a seguir[1]:

Proposta de trabalho de artes visuais *Abrindo os ouvidos*

Caro aluno:
Nas próximas oito aulas de Arte, vamos falar um pouco sobre composição. Estamos acostumados, nas artes visuais, a ver composições por meio de imagens variadas, não é mesmo?

---

[1] Essa proposta foi aqui sintetizada para fins didáticos. Você pode conferir a versão na íntegra em Maziero (2015).

Mas nossa proposta é trabalhar inicialmente com a composição musical e, depois de conhecermos a música escolhida, falarmos um pouco sobre os artistas que a escreveram, em quanto tempo foram compostas e seu significado. Após esse reconhecimento, vamos cantar a música escolhida por meio da linguagem visual. Isso mesmo! Vamos realizar uma leitura plástica da composição musical.

Ficou em dúvida de como fazer isso? Sem problemas. Vamos começar a trabalhar para que logo, logo você entenda essa proposta.

Escolhemos uma música chamada *Súplica cearense*. Você a conhece?

É uma composição de Gordurinha e Nelinho, dois compositores nordestinos que souberam retratar muito bem o lamento contínuo do povo nordestino diante do sol inclemente do Sertão, que castiga a terra e tira a expectativa de permanência do sertanejo ali. Gordurinha era compositor, cantor e radialista, nascido em 1922, na Bahia e compôs a música em 1960, em parceria com Nelinho, cuja biografia é desconhecida. A música foi considerada pelos críticos sua obra-prima.

A primeira gravação foi feita por Luiz Gonzaga.

Luiz Gonzaga do Nascimento nasceu em Exu, em 1912. Foi um compositor brasileiro que ficou conhecido nacionalmente como o *Rei do Baião*. Morreu em Recife em 1989.

O baião é um ritmo musical nordestino, uma mistura de ritmos conhecidos, como lundu, samba e conga.

Depois, o cantor Raimundo Fagner também gravou essa música, em 1984, ainda em ritmo de baião. Fagner deu à música uma interpretação um pouco diferente, tornando-a mais popular ao gosto das pessoas do Sul e do Sudeste do Brasil.

Raimundo Fagner Cândido Lopes nasceu em Orós, no Ceará, em 1949 e é cantor, compositor, instrumentista e produtor.

Vamos falar um pouco sobre os ritmos lundu, samba, conga e baião. Para a próxima aula, você deve fazer uma pequena pesquisa sobre esses ritmos e apresentá-la ao restante da sala.

Agora que você conheceu um pouco da história da música, vamos conhecer sua letra?

Súplica cearense

"Oh! Deus, perdoe este pobre coitado
Que de joelhos rezou um bocado
Pedindo pra chuva cair sem parar
Oh! Deus, será que o senhor se zangou
E só por isso o sol arretirou
Fazendo cair toda a chuva que há
Senhor, eu pedi para o sol se esconder um tiquinho
Pedi pra chover, mas chover de mansinho
Pra ver se nascia uma planta no chão
Oh! Deus, se eu não rezei direito o Senhor me perdoe
Eu acho que a culpa foi
Desse pobre que nem sabe fazer oração
Meu Deus, perdoe eu encher os meus olhos de água
E ter-lhe pedido cheinho de mágoa
Pro sol inclemente se arretirar
Desculpe eu pedir a toda hora pra chegar o inverno
Desculpe eu pedir para acabar com o inferno
Que sempre queimou o meu Ceará"

Súplica Cearense (Gordurinha/Nelinho)
50% Fermata do Brasil
1967 By Cap Music (50%) Parte do autor Gordurinha

Essa música, independentemente de sua interpretação vocal, fala da dor de um homem, sertanejo, que sempre pediu a Deus que fizesse chover no sertão. Quando isso acontece, vem a enchente descontrolada. O pobre sertanejo fica cheio de pesar achando que ele mesmo foi culpado por essa calamidade.

Agora, vamos ouvir cada uma das versões.

Na sequência, vamos assistir à projeção de vídeos com as interpretações de Luiz Gonzaga e de Fagner.

Por fim, exercite um pouco seus conhecimentos sobre o que você aprendeu até agora:

1. Faça uma lista das palavras que você não conhece na letra da canção e pesquise seus significados no dicionário.
2. Organize um pequeno roteiro sobre o clima de que a música fala, da região que está sendo tratada.
3. Utilize o roteiro que você construiu e responda à seguinte questão: De acordo com o clima e as condições do ambiente, temos problemas com secas e enchentes na região em que moramos?
4. Escreva com suas palavras as diferenças que você percebeu nas interpretações de Luiz Gonzaga e de Fagner.
5. Faça uma representação por desenho e pintura sobre o que a música significou para você.

Você terá as duas próximas aulas para produzir sua representação visual, que vamos chamar *leitura plástica*.

Primeiramente, você terá à disposição papel sulfite tamanho A4, lápis técnico de desenho 2B e 6B, esfuminho e lápis de cor para fazer o esboço.

Depois que você conseguir produzir o esboço, terá uma folha de papel tamanho de *flipchart*[2] e tintas guache de cores variadas para reproduzir seu desenho nesse tamanho.

Mãos à obra! Seja o artista e faça suas produções!

A seguir, você pode observar duas possibilidades de leituras plásticas já realizadas.

---

2 *Flipchart* (conhecido no Brasil como cavalete ou tripé) é uma espécie de quadro, usado geralmente para exposições didáticas, em que fica preso um bloco de papéis. Desse modo, quando o quadro está cheio, o apresentador simplesmente vira a folha (em inglês, *flip*), sem perder tempo apagando o quadro.

Figura 6.1 – Imagem da esquerda: esboço 1 em papel A4, lápis técnico de desenho e lápis de cor; imagem da direita: em papel de *flipchart* feito a tinta guache

Figura 6.2 – Imagem da esquerda: o esboço confeccionado em papel sulfite tamanho A4 com lápis técnico de desenho e lápis de cor; imagem da direita: feita em papel de *flipchart* e tinta guache

Organização da proposta de trabalho

1. Apresentação do tema: *Abrindo os ouvidos* – breve explanação do objetivo e apresentação do texto de apoio (elaborado pela professora Maziero).
2. Leitura e discussão do texto de apoio.
3. Solicitação de pesquisas de temas relacionados à aula.
4. Apresentação de versões da música.
5. Apresentação dos vídeos relacionados a cada interpretação.
6. Momento de reflexão sobre as atividades realizadas – solução dos exercícios propostos.
7. Apresentação dos resultados dos exercícios.

8. Confecção dos painéis em *flipchart*.
9. Exposição *Abrindo os ouvidos*.

Para finalizar o registro das atividades, é possível confeccionar um livro com os resultados das discussões realizadas.

A proposta originalmente teve a duração de oito horas-aula, mas pode ser estendida conforme a necessidade da turma e complementada com outros gêneros musicais, bem como podem ser aplicadas outras propostas visuais. Essa adequação ou reorganização pode ser empregada para explorar, por exemplo, os elementos básicos das artes visuais: ponto, linha, plano, volume e cor. No estudo das cores, uma sugestão é tratar das correlações existentes entre as cores e a estação seca, as cores e a estação das chuvas etc.

6.3 Proposta de ensino na educação de jovens e adultos para o ensino médio

O ensino médio é também uma etapa da educação básica e, de acordo com as proposições do Ministério da Educação nas Diretrizes Curriculares Nacionais da Educação de Jovens e Adultos (Brasil, 2000a), a EJA deve ser planejada em consonância com as características sociais, culturais e cognitivas do sujeito humano referencial dessa última etapa da educação básica: adolescentes, jovens e adultos. Cada um desses tempos de vida tem sua singularidade, de acordo com o desenvolvimento biológico e a experiência social condicionada historicamente.

A organização metodológica de abordagem dos conteúdos para a proposta de artes visuais do ensino médio pode ser assim realizada:

- **Arte e ideologia** – A arte é produto de um conjunto de ideias, crenças e doutrinas próprias de uma sociedade, de uma época ou de uma classe. A arte não é só ideologia, porém está presente nas produções artísticas, uma vez que toda obra é carregada de significado.
- **Arte e seu conhecimento** – A arte é organizada e estruturada por um conhecimento próprio, ao mesmo tempo com conteúdo social, que tem por objeto o ser humano em suas múltiplas dimensões.

- **Arte e trabalho criador** – É uma forma de trabalho em que, ao criar, o ser humano se recria, constituindo-se como ser que toma posição perante o mundo. O trabalho artístico, além de representar, objetivamente ou não, uma realidade, constitui a si mesmo uma nova realidade. Sem a criação e o trabalho, a arte deixa de ser arte e não há aprendizagem. O aluno precisa passar pelo fazer artístico, e não somente apreciar arte. Ao fazer, ele se expressa e, expressando-se, valoriza o fazer como posicionamento social e cidadão.
- **Elementos formais** – Elementos da cultura observados nas produções humanas e na natureza, sendo matéria-prima para a produção artística e o conhecimento em arte. Como exemplos de conteúdos específicos, trabalhados por linguagem artística, dentro do eixo elementos formais, podemos destacar ponto, linha e plano.
- **Composição** – É a produção artística que acontece por meio da organização e dos desdobramentos dos elementos formais. Como exemplos de conteúdos específicos, trabalhados por linguagem artística, dentro do eixo composição, podemos destacar bidimensionais e tridimensionais.
- **Movimentos e períodos** – É o conteúdo da história relacionado com o conhecimento em arte. Tem por objetivo revelar o conteúdo social da arte por meio dos fatos históricos, culturais e sociais que alteram as relações internas ou externas de um movimento artístico. Como exemplos de conteúdos específicos, trabalhados por linguagem artística, dentro do eixo movimentos e períodos, temos o Renascimento.
- **Tempo e espaço** – Tem dupla dimensão. É categoria articuladora, pois está presente em todas as áreas, e é também conteúdo específico. Como exemplos de conteúdos específicos, trabalhados por linguagem artística, dentro do eixo tempo e espaço, temos as composições tridimensionais.

6.3.1 Exemplo de proposta no ensino médio da educação de jovens e adultos

Com vistas a interconectar os eixos de trabalho das artes visuais no ensino médio, relacionando-os aos eixos do currículo da EJA (cultura, trabalho e tempo), a sugestão é a proposta de trabalho "Cultura como fator de regionalidade – Arte Paranaense" (Maziero, 2017), de modo a desenvolver os seguintes conteúdos estruturantes:

- elementos formais: elementos da cultura observados nas produções humanas e na natureza, sendo matéria-prima para a produção artística e conhecimento em arte;
- composição: leitura de imagens das obras de artistas paranaenses; e
- tempo e espaço: arte moderna e contemporânea paranaense na visão de artistas de destaque.

Primeiramente, é necessário construir um texto de apoio utilizando a linguagem artística das artes visuais. Depois, apresentar aos alunos a origem do termo *arte* (do latim, *ars*) e comentar que ela é normalmente entendida como atividade ligada às manifestações de ordem estética por parte do ser humano.

Assim, o professor deve ressaltar que a disciplina de Arte estuda o produto derivado da atividade artística em determinado momento sócio-histórico ou contexto social em dado período.

É comum conhecer as obras de artistas famosos da humanidade, como *Mona Lisa*, de Leonardo da Vinci, *Os girassóis*, de Van Gogh, mas pouco se sabe sobre os artistas de seu estado, não é mesmo? Você já ouviu falar no artista Poty Lazzarotto, por exemplo?

É sobre isso que sugerimos estudar em algumas aulas. Afinal, sabemos tanto da arte internacional e ainda não conhecemos a criação de artistas mais próximos.

Para iniciar o trabalho, será preciso elaborar um material de estudo sobre a arte desenvolvida no Paraná: Alfredo Andersen, Guido Viaro, Paul Garfunkel, Poty Lazzarotto e Eugênio de Proença Sigaud. O material deve contemplar suas biografias, enfatizando ser Poty um artista paranaense de nascimento e os demais terem se autodenominado *paranaenses de coração*. Com base no texto, analisam-se algumas obras desses artistas, que, no momento de produção, foram relidas em papel formato A3. Realizada a primeira etapa, de familiarização com as obras, oportunizada pelas leituras, solicita-se aos educandos que escolham uma delas para realizar sua releitura, ou seja, retratar nova impressão, oferecer novo olhar à obra.

Sugere-se que o trabalho de releitura seja realizado durante quatro aulas (estudos e produção final, em papel formato A3). Se a obra relida é colorida, o educando deve ser orientado a utilizar a técnica de tinta a óleo sobre papel. Para os casos de obras de P. Garfunkel, por exemplo, também é possível treinar a técnica de aquarela ou pastel, assim como para os painéis coloridos de autoria de Poty Lazzarotto. Para a série de estudos de litogravura de Poty, utilizam-se lápis especiais de desenho (3B, 4B, 5B, 6B e HB) para os efeitos de sombras das reproduções. Ao perceber que o adolescente se sente seguro, é possível convidá-lo a produzir a obra em tamanho maior, formato 60 × 80 cm com tintas em papel para *flipchart*.

Nas Figuras 6.3 a 6.8, apresentamos algumas obras e a respectiva releitura elaborada por alunos que já realizaram essa proposta.

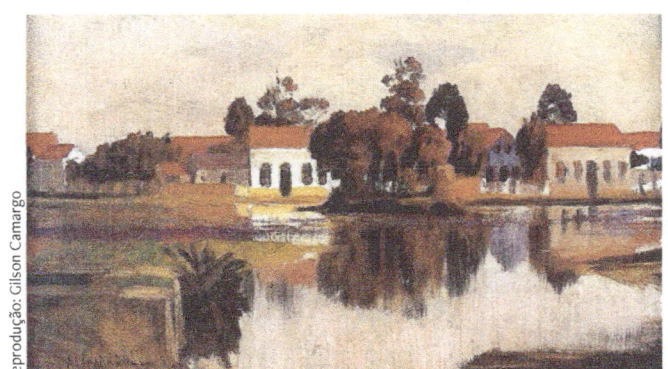

Figura 6.3 – *Passeio Público de Curitiba*, de Alfredo Andersen

ANDERSEN, A. **Passeio Público de Curitiba**. [s. d.]. 1 óleo sobre tela; color.: 35 × 21 cm. Coleção particular.

Figura 6.4 – Releitura da obra *Passeio Público de Curitiba* realizada por um aluno

Figura 6.5 – *Paranaguá – Cidade Velha – PR*, de Paul Garfunkel

GARFUNKEL, P. **Paranaguá – Cidade Velha – PR**. 1958. 1 litogravura aquarelada à mão; color.: 30,4 × 23,2 cm. Museu Virtual Paul Garfunkel.

Figura 6.6 – Releitura da obra *Paranaguá – Cidade Velha – PR* **realizada por um aluno**

Figura 6.7 – Painel *Caixa d'Água da Sanepar*, de Poty Lazzarotto

LAZZAROTTO, P. **Caixa d'Água da Sanepar**. 1996. 1 painel; color.: 23 × 6 m. Praça das Nações, Alto da XV, Curitiba, Brasil.

Figura 6.8 – Releitura do painel *Caixa D'Água da Sanepar* realizada por um aluno

Em todos os momentos de desenvolvimento da proposta, é possível observar a presença dos eixos de ensino das artes visuais. O **apreciar** está presente nas leituras das imagens realizadas. O eixo **produzir** surge no momento em que os alunos consideram sua impressão ao realizar a releitura das obras. E o **contextualizar** ocorre quando a paisagem é modificada de acordo com a realidade atual, de acordo com a própria concepção de progresso.

6.4 Proposta de ensino em contexto socioeducativo

O trabalho socioeducativo com a utilização de tecnologias apresenta determinadas restrições em razão da privação de liberdade a que os alunos estão submetidos. Então, como utilizar as mídias e a tecnologia nesses ambientes, se a privação agrega impedimentos de utilização da internet, do celular, da televisão aberta?

O avanço tecnológico dos últimos tempos provocou grandes transformações em todos os setores, inclusive no trabalho, na educação, no lazer e na cultura. Os alunos da socioeducação, mesmo privados de liberdade momentaneamente, são participantes desse mundo virtual.

Dessa maneira, embora as condições de escolaridade desses alunos sejam trajetórias de insucesso, eles recebem tais influências também no trato dos conteúdos escolares, quando participantes do processo. Uma excelente abordagem pedagógica no trabalho das artes visuais é a visita guiada aos museus, espaços não formais de educação, como vimos anteriormente. Não há como levar os socioeducandos ao museu, mas há como utilizar a tecnologia para trazer o museu até eles.

Um dos exemplos que passamos a expor se refere à exposição *Vertigem*, dos artistas contemporâneos OSGEMEOS[3], que conquistaram o mundo com sua arte. Tendo em vista que a origem da manifestação artística desses irmãos traz a influência do grafite, ao trabalhar a arte urbana em um espaço socioeducativo, inicialmente, foi possível conceituar a manifestação artística em suas vertentes ou linguagens e, em seguida, proporcionar aos alunos a visita virtual ao museu que abrigava a exposição *Vertigem*.

---

3 Nascidos em 1974, na cidade de São Paulo, Brasil, Otávio e Gustavo Pandolfo sempre trabalharam juntos. Quando crianças, no bairro do Cambuci, desenvolveram um modo particular de brincar e se comunicar por meio da arte.

De posse de uma filmadora, fomos ao Museu Oscar Niemeyer, na cidade de Curitiba, e, com autorização dos dirigentes do museu, filmamos a exposição. Com a ajuda de um técnico de informática, editamos nosso filme, de maneira que se equiparasse a um ambiente virtual para apresentar aos alunos em uma projeção de multimídia.

Assim, utilizando uma tecnologia assíncrona (os alunos não estavam em uma realidade virtual), fizemos uma simulação desse espaço virtual.

No vídeo, a narração simulava a participação da professora e dos alunos na exposição. Essa narração foi feita posteriormente à visita, baseada em um roteiro escrito por nós e gravado utilizando os recursos da educomunicação[4], para realizá-la com a ajuda dos alunos.

Na sequência da visita virtual projetada aos alunos, seguiram-se as demais atividades programadas:

1. pesquisa sobre as influências artísticas dos irmãos;
2. apresentação dos trabalhos e também da biografia de Volpi, como a maior influência dos artistas;
3. produção de trabalhos baseados nas obras de Gustavo e Otávio Pandolfo;
4. produção de um levantamento iconográfico dos irmãos como catalogação de obras desses artistas no mundo;
5. montagem da exposição *Da rua para a galeria*, que permaneceu nas dependências do centro de socioeducação e, depois, foi realizada de forma itinerante nos seguintes locais: Vara da Infância e Juventude de Curitiba-PR, Hotel Transamérica de Curitiba – PR (por ocasião da comemoração de 20 anos do ECA); sede da Federação das Indústrias do Estado do Paraná (Palácio de Granito – Curitiba-PR).

Outras sugestões podem ser agregadas ao trabalho integrado das linguagens artísticas (artes visuais, teatro, dança e música), iniciados com a apresentação aos alunos da música urbana (cordel, repente e *rap*), das artes cênicas (teatro de rua), do grafite (exposição *Vertigem*, de OSGEMEOS), da dança de rua (montagens de filmes sobre o tema realizadas pelos próprios estudantes, utilizando o programa

---

[4] Educomunicação geralmente designa o uso da linguagem radiofônica a serviço da educação.

moviemaker[5]) e de editores de som nos espaços de rádio. Todas as linguagens podem ser trabalhadas a partir de um tema gerador, por exemplo, luta pelos direitos civis, em que conste uma contextualização histórica do maior movimento antipreconceito já realizado na sociedade – iniciado nos Estados Unidos na década de 1960.

Para concluir a proposta, cada grupo elaborou um documento e expressou suas conclusões em diversos trabalhos artísticos, resultando em atividades variadas. Dessa forma, em um período de 45 dias de internação provisória, o estudo da arte com a utilização de tecnologias e mídias propiciou aos adolescentes envolvidos no processo de escolarização um sentimento de pertencimento com trocas culturais e interações pertencentes ao contexto de cada um.

---

5   Editor de vídeos usado para a edição de imagens, que apresenta suporte para trilha sonora, filtros de imagens e efeitos de transição, dando conta de questões básicas na hora de criar um pequeno filme.

Na Figura 6.9, mostramos o resultado de dois momentos de produção visual com os adolescentes: o primeiro se refere ao registro da revitalização dos muros da quadra de esportes; o segundo é a produção fotográfica, quando os alunos realizaram transformações nas imagens utilizando de *softwares* de tratamento imagético.

Figura 6.9 – Fotografia da produção nos muros do esporte com o trabalho de transformação de imagens fotográficas em desenho

6.5 Proposta em contextos a distância

A possibilidade de trabalho a distância com o ensino das artes visuais é imensa. Ferramentas de aprendizagem no uso dessa linguagem devem ser usadas, pois a criatividade dos artistas (aluno e professor) é propícia para aproveitar os meios de comunicação e, assim, criar obras que se estabelecem na relação entre educação, arte e virtualidade. A flexibilidade do mundo virtual oferece uma possibilidade para que as experiências educacionais tenham sentido, uma vez que aproximam a obra do espectador, encurtam distâncias e efetivam a inclusão digital.

Entre os objetos de aprendizagem, uma ferramenta vantajosa para uma proposta de educação a distância (EaD) de artes visuais é a *webquest*, que são espaços na *web* estruturados para que os alunos realizem tarefas e se envolvam no desenvolvimento de pesquisas. É um excelente meio de integrar a a EaD e a EJA com as artes visuais.

Na atualidade, há um anseio para relacionar o ensino da arte com as atividades de ensino de objetivos educacionais específicos, adaptando os conteúdos ao meio digital. Com essa conexão, dois aspectos da aprendizagem escolar contemporânea são atendidos: o cumprimento dos preceitos estabelecidos nas diretrizes da disciplina de Arte e o ensino de conteúdos de Arte aliados a uma prática pedagógica inovadora.

Como, então, trabalhar com objetos de aprendizagem?

A figura do professor como mediador da aprendizagem é imprescindível para que o processo se desenvolva de forma a veicular o conceito ao uso de forma pedagógica, pois de nada adianta um quadro digital, um laboratório de informática, se não estiver em aplicação um conceito pedagógico.

Nesse sentido, a relação entre ensino e aprendizagem deve ser dialógica e coletiva, pois é uma proposta nova, na qual a flexibilidade e a facilidade para adaptações às mudanças devem ser uma constante na educação dos alunos e também dos professores.

O ensino da arte na contemporaneidade tem um referencial de partida. A adoção de uma proposta pedagógica em EaD implica práticas pedagógicas que concretizam sua operacionalização a distância, configurando o ensino e a aprendizagem mediados pela tecnologia.

O mais importante em uma proposta de EaD é aprender a construir e refinar significados. Aprender com a mediação da tecnologia significa aprender pela leitura, pela autonomia em realizar atividades, pelo estudo dirigido (com o apoio dos tutores) e pela relação dialógica com o professor-tutor e os demais alunos.

Além desses aprendizados, para o desenvolvimento de uma proposta de EaD, é necessário aprender por meio dos recursos auditivos e audiovisuais: filmes, rádio, TV, mídias de diversas formas e suportes.

Uma das possibilidades de trabalhar a proposta de EaD nas artes visuais é por meio dos objetos de aprendizagem. De certa forma, eles são considerados novos no Brasil e são conceituados como unidades de ensino que podem ser reutilizáveis. Para que isso aconteça, devem ser devidamente catalogados e armazenados especificamente para esse fim.

Esses objetos de aprendizagem podem ser constituídos de conteúdos de aplicação multimídia, instrucionais, ferramentas de *software* e *software* instrucional ou, ainda, animações interativas, que permitem despertar e estimular a criatividade dos alunos, levando-os a resolver desafios de forma colaborativa.

Podemos citar muitos exemplos de objetos de aprendizagem que colaboram para o ensino de artes visuais, mas vamos nos concentrar em duas sugestões específicas: o Google Art Project e os *mods*, em que é possível construir ambientes simulados, como exposições e galerias.

6.5.1 Google Art Project

Como o próprio nome esclarece, o Google Art Project é um projeto gratuito da Google que oferece passeios virtuais por alguns dos principais museus do mundo. Tem uma tecnologia semelhante à do serviço de Google Maps Street View e possibilita ao usuário caminhar pelos corredores dos museus observando tudo em 360°. O usuário pode conhecer diversos quadros de artistas diferentes, sem contar que o projeto disponibiliza imagens de altíssima resolução para serem apreciadas.

A leitura das imagens no passeio virtual é muito interessante e rica, tendo em vista que a qualidade permite ao usuário aproximar a tela para observar, por exemplo, as pinceladas do movimento impressionista, que recebe esse nome justamente pela forma rápida com que trabalhavam os artistas desse período em suas obras.

Figura 6.10 – Imagem de uma sala de exposições do Van Gogh no Museu de Amsterdam, na Holanda

De que modo utilizar o Art Project como objeto de aprendizagem? Em uma situação de aprendizagem coletiva, o professor deve preparar um computador conectado à internet para projetar a imagem no projetor multimídia, de maneira que ele seja o mediador cultural que leva a turma à visita guiada. A diferença para a visita presencial está no mediador, que será também um mediador cultural, ou seja, o monitor da visita.

Outra forma de interação é possível com a utilização desse objeto de aprendizagem. Quando a escola tem disponível o laboratório de informática, o professor orienta os alunos a acessar o Google Art Project, e eles serão os monitores da visita. Nesse caso, o professor precisa estar atento para que a visita seja proveitosa a todos.

Para dar continuidade ao trabalho com as visitas guiadas, os alunos podem fazer a releitura de determinada obra proposta pelo professor. A atividade de releitura será realizada da forma convencional, utilizando papel, lápis, tinta, ou na forma virtual, permitindo ao aluno interagir com a tecnologia. Essa segunda opção de trabalho pode ser posta em prática com a utilização de *mods*, que são jogos de simulação, como o Minecraft[6] ou o Blender[7], quando utilizados em plataforma 3D, ou em programas do Flash, com composições 2D.

---

[6] Jogo eletrônico que permite a construção usando blocos dos quais o mundo é feito.

[7] Programa de computador de código aberto, desenvolvido para a criação de modelagem, animação, composição, edição de vídeos e outras aplicações, como as interativas em três dimensões.

Figura 6.11 – Imagem *I Won't Cry*, de Mango Jambo

Observe na Figura 6.11 uma imagem feita no Blender pelo artista Mango Jambo, em um concurso de esculturas em Blender.

O processo de releitura virtual, além de ser uma experiência nova para os alunos, possibilita aliar a consistência dos conteúdos da arte com a dinamicidade e a leveza do meio digital em um objeto de aprendizagem. Assim, o professor desenvolve um tipo de aprendizagem da *gamearte*, e, uma vez que a arte e o jogo são produtores de imagens, ambos carregam em seu contexto questões sociais e culturais.

Para que seja possível esse elo entre o uso de objetos de aprendizagem no meio digital, é necessário que o professor tenha preparo e habilidade para lidar com essas ferramentas, de maneira a tirar proveito dessa união.

Semelhante ao Google Art Project, também está disponível gratuitamente o Google Art Culture, que apresenta exposições *on-line* como em uma espécie de cardápio diário. Ao clicar na página inicial, o usuário tem à disposição um resumo com as exposições do dia. A diferença entre as plataformas é que, no Project, existe a simulação do usuário caminhando entre as obras e os corredores do museu, ao passo que, no Culture, a exposição acontece na forma de projeção, embora seja possível aproximar as telas.

6.5.2 Exemplo de proposta em educação a distância

É possível trabalhar com a ciberarte na sala de aula? Sim! A capacidade de modificação e inovação do pensamento educacional tem trazido experiências altamente significativas e interessantes para o cotidiano. Apesar de os adolescentes e jovens estarem envolvidos diariamente com tecnologias, eles têm dificuldades em manipulá-las quando vinculadas à educação. Isso ocorre também com professores. Para superar esses entraves, é possível digitalizar imagens e utilizar um programa de computação que permita manipulá-las, constituindo um trabalho inicial para que os alunos construam seus processos como ciberartistas capazes de produzir o próprio produto digital.

Para o trabalho com a ciberarte em sala de aula, é necessário que o professor se capacite para o uso de mídias digitais, de maneira que possa orientar seus alunos nessas atividades.

Deverá estar disponível um computador com *scanner* e *software* de edição de imagens, uma câmera digital (ou câmera de celular), uma impressora colorida, tesouras, estiletes, cola branca, canetas diversas, um retroprojetor, papel, transparências para impressão, canetas de retroprojetor, papéis coloridos diversos, revistas diversas, folhetos de distribuição gratuita, fotos antigas etc.

O uso de objetos de aprendizagem no ensino das artes visuais integrado a diferentes mídias integra elementos de áudio, vídeo, animações interessantes, ilustrações e textos, bem como desenvolve uma proposta interessante ao aluno, levantando situações-problema que representem desafios motivadores do aprendizado da arte como conhecimento.

Colocando em prática a ciberarte por meio da transiarte

Agora, vamos exemplificar uma proposta prática de artes visuais nos contextos de EaD. Trata-se de uma modalidade mista de aprendizagem ou *blended lerning*[8]. Optamos por apresentar essa proposta porque é a tendência de EaD cada vez mais presente na realidade escolar brasileira.

Corroborando com essa informação de que o híbrido é a inovação da EaD na contemporaneidade, citamos a assertiva de Christensen, Horn e Staker (2013, p. 3): "Em muitas escolas, o ensino híbrido está emergindo como uma inovação sustentada em relação à sala de aula tradicional. Esta forma híbrida é uma tentativa de oferecer 'o melhor de dois mundos' – isto é, as vantagens da educação online combinadas com todos os benefícios da sala de aula tradicional".

Diante disso, descrevemos a seguir a proposta de transiarte (arte da transição, que interage no ensino presencial em sintonia com o ciberespaço) no ensino híbrido.

Sugerimos a utilização da plataforma de acesso livre Edmodo[9].

Afirmamos anteriormente que, para introduzir a tecnologia em sala de aula nos contextos de EaD, é possível trabalhar com manipulação digital entre multimídia e ciberarte. Para isso, basta ter em mãos um computador, um *scanner* e algumas imagens.

A partir de agora, passamos a descrever a possibilidade da criação de um ambiente virtual de aprendizagem (AVA) das artes visuais no Edmodo.

Vamos considerar sempre as exigências legais do ensino da Arte e os conteúdos básicos a serem trabalhados nas linguagens artísticas. Todos os conteúdos de artes visuais podem ser trabalhados na proposta apresentada, desde os de ensino fundamental até os de ensino médio.

Exemplificamos aqui um trabalho realizado com movimentos artísticos, em especial, de arte contemporânea.

---

8 O *blended lerning* ou *B-Lerning* também pode ser definido como o ensino híbrido, que é constituído pela combinação de práticas pedagógicas do ensino presencial e da EaD, com vistas a melhorar o desempenho dos alunos nos processos de ensino e aprendizagem.

9 Espécie de rede social de aprendizagem de acesso livre e feita especialmente para a educação básica. Em um ambiente livre e seguro, é possível que professores e alunos entrem em contato de forma colaborativa a todo momento e em qualquer lugar. Esse aplicativo possibilita e disponibiliza uma série de ferramentas de interação.

Os primeiros passos são para a criação da plataforma de acesso. Optamos pelo Edmodo por se tratar de uma plataforma de gerenciamento de aprendizagem semelhante a outras existentes e disponíveis para o ensino superior e por essa plataforma, em seu *design*, assemelhar-se ao Facebook, sendo de fácil navegação.

No primeiro acesso, basta que o usuário, nesse caso o professor, acesse o *site* e crie seu perfil. Depois disso, é só criar a sala e ele terá disponível salas de aula *on-line* para compartilhar conhecimentos e conduzir trabalhos. Tarefas de casa também podem ser feitas, corrigidas e comentadas no próprio Edmodo, que dispõe, para isso, de *softwares* integrados.

Dado o primeiro passo, o professor envia o convite de acesso aos alunos e demais professores para efetivar o funcionamento da plataforma.

Em uma proposta por nós realizada, acessamos a plataforma Edmodo e nomeamos uma sala como "Artes Visuais em Diferentes Contextos: EJA e EaD".

Inserimos uma mensagem de chamada de inserção do vídeo intitulado "Arte Contemporânea" e solicitamos aos alunos que respondessem aos seguintes questionamentos:

- Para vocês, o que é arte contemporânea?
- Alguém tem a mesma opinião das pessoas entrevistadas no vídeo?

Esses questionamentos foram postados no fórum de discussão e os alunos tinham um prazo de dois dias para suas contribuições. O vídeo incentiva os alunos a pesquisarem sobre o tema e a interagir com os demais colegas por meio do fórum.

Além da postagem dos alunos no fórum, respondendo aos questionamentos, anotamos as impressões registradas para resgatar esses relatos na aula presencial e dar continuidade ao debate. A síntese das discussões realizadas no momento presencial foi registrada na plataforma como mensagem, com o título "Memória da aula presencial".

Trabalhado o conceito, chega a hora de apresentar a leitura de obras para contextualizar as análises até então realizadas. Dessa forma, postamos obras para os alunos ampliarem a cultura visual com relação à arte contemporânea. Disponibilizamos na plataforma as obras *Diálogo: Óculos* (1968) e *Objeto relacional máscara abismo* (1968), de Lygia Clark; *Composição com Vermelho, Amarelo, Preto e Azul* (1921), de Piet Mondrian; e *Ciclista* (1989), de Iberê Camargo. Porém, inicialmente, as obras não foram identificadas, a fim de promover a sensibilidade estética dos alunos. Empreender discussões sobre o que as obras comunicam é essencial, pois estimula o aluno a formular hipóteses a respeito das ideias que os artistas quiseram apresentar com seus trabalhos.

As quatro imagens conduziram a turma a olhar, vivenciar e pensar diferentes formas de expressão artística. Ressaltamos que, após as primeiras impressões, é fundamental estudar as possibilidades de compreensão da obra: procedimentos empregados, materiais utilizados, elementos constitutivos, poética e conceitos. Como atividade subsequente, fizemos os seguintes questionamentos: O que estão vendo? Isso é arte contemporânea? Por quê?

Solicitamos aos alunos que registrassem suas impressões no espaço para tarefa do Edmodo, além de uma observação sobre o que obras comunicam.

No espaço presencial, complementamos as respostas dos alunos, retomando aspectos não compreendidos. Ao mesmo tempo, apresentamos o conceito das obras, bem como os elementos formais e de composição. O ideal é orientar a turma para perceber os conteúdos e as singularidades das obras, buscando destacar a inquietude que há nelas. É importante que essas atividades sejam realizadas nos momentos presenciais, em razão da função do professor no processo de mediação da aprendizagem.

Para essa proposta, a função de tutor presencial coube à autora desta obra, que é licenciada em Artes Visuais, portanto, especialista na área. É aconselhável que o tutor presencial seja um especialista em virtude das particularidades do trabalho a ser realizado.

Na proposta que aqui delineamos, a tutora virtual também é a professora da disciplina, mas essa tarefa pode ser exercida por um pedagogo, que, em consonância com as orientações do tutor presencial, atua no suporte aos alunos sobre o uso da plataforma.

Salientamos que a sugestão apresentada encaixa-se no processo de ensino híbrido denominado *sala de aula invertida*: modelo com características híbridas, que, de modo geral, emerge como técnica usada por professores tradicionais para melhorar o engajamento dos estudantes. Nesse exemplo, os alunos do centro de educação em que atuamos são matriculados na disciplina de Arte e utilizam dispositivos conectados à internet – normalmente no laboratório de informática, sob a coordenação do professor do laboratório – para assistir às lições assíncronas, em vídeos com duração de 10 a 15 minutos, e completam as questões de compreensão no Edmodo. Na sala, eles praticam e aplicam seu aprendizado com a presença da professora.

Esse modelo não transforma as operações escolares ou os atributos tradicionais das salas de aula, incluindo os grupos divididos por idade, horários programados ou desenho básico de suas instalações. Em vez disso, ele aproveita melhor os professores e as salas de aula para oferecer aprimoramento de desempenho sustentado aos estudantes tradicionais. De modo consistente com sua natureza sustentada, a sala de aula invertida pode ser implementada sem grandes mudanças na alocação de recursos e outros processos já estabelecidos em uma escola e não requer uma completa mudança de instalações físicas ou do corpo de profissionais. Esse modelo introduz uma solução híbrida que combina a sala de aula tradicional com uma nova tecnologia para criar algo com melhor desempenho, de acordo com a definição inicial a respeito do que uma boa sala de aula deve oferecer.

Nesse processo, as avaliações acontecem tanto no modo presencial, com provas objetivas e apresentação de trabalhos, quanto no ambiente virtual, em que é possível constituir a criação de portfólio e a realização de provas nos formatos objetivo e discursivo.

Finalizando este exemplo de proposta de ensino híbrido de artes visuais, descrevemos os projetos que foram transpostos para o ambiente virtual:

Projeto 1 – Conversando sobre Lygia Clark

Atividade 1: Com base na obra de Lygia Clark, identificar e anotar alguns elementos expressos na obra. Responder às perguntas: a) O que você está vendo? Descreva. b) Qual é a provável ideia que a artista quis passar? c) Isso é arte contemporânea? Por quê? d) Você vê algum sentimento nessa obra? Qual(is)?

Atividade 2: Escolher um lápis preto, caneta hidrográfica preta, carvão ou outro material semelhante e desenhar algum elemento que faz parte de seu cotidiano. Desenhar em papéis pequenos (12 cm × 18 cm). Colar esses papéis nos objetos desenhados em uma folha A4 completando uma figura.

Atividade 3: Realizar uma pesquisa na internet sobre arte contemporânea.

Projeto 2 – Conversando sobre Piet Mondrian

Atividade 1: Pesquisar a biografia de Piet Mondrian e fazer a leitura das informações constantes no verso da prancha do artista denominada *Composição com vermelho, amarelo, preto e azul*, óleo sobre tela, 1921.

Atividade 2: Cortar ou quebrar formas geométricas em pequenos pedaços de isopor. Pintar os pedaços com as cores primárias utilizando tinta guache. Depois de secas, compor com as peças um pequeno mosaico, a fim de criar uma releitura de Mondrian.

Projeto 3 – Conversando sobre Iberê Camargo

Atividade 1: Visualizar a prancha e conversar com os colegas sobre seus conceitos. Registrar as discussões e postar no ambiente virtual. Depois disso, visitar o *site* da Fundação Iberê Camargo e registrar suas emoções, percepções e experiências.

Atividade 2: Realizar uma composição retangular em papel machê, texturizando em relevo uma figura humana "indo e vindo" da forma como desejar: de bicicleta, a pé, de ônibus. Com o desenho finalizado, pinte-o empregando uma mistura de cores.

Projeto 4 – A união das imagens

Atividade 1: Comparar as diversas técnicas utilizadas pelos artistas, como os traços e as linhas do desenho resultante da imagem de Lygia Clark, a precisão geométrica de Mondrian e o empastamento de Iberê Camargo.

Atividade 2: Recortar imagens de revistas ou impressos de objetos em geral. Fazer uma montagem dessas imagens em uma cartolina. Criar composições figurativas utilizando as técnicas de sobreposição, repetição de formas e cores variadas.

Atividade 3: Utilizando celulares ou câmeras digitais, procurar no entorno elementos que lembram as obras trabalhadas e registrar em fotografias. Separar as imagens em três grupos, um para cada artista trabalhado.

Atividade 4: Para cada resultado das atividades realizadas, fazer um registro em fotografia, editar as imagens no computador e criar álbuns para compartilhar com os colegas em uma exposição virtual.

Atividade 5: Postar a exposição no ambiente para compor seu portfólio de avaliação.

A realização dessa proposta com a inversão do ensino representa a novidade no ambiente de EaD e enseja a possibilidade de aproximar o conhecimento. Coloca-se o aluno como protagonista do processo educacional, facilitando o acesso às mídias e tecnologias, no intuito de promover a atividade educativa de forma colaborativa e dinamizar as relações do professor, que se coloca na proposta como tutor presencial e *on-line* (ou virtual).

Para que essa proposta tenha sucesso, é importante que o professor disponibilize, no ambiente virtual, todo o material necessário para o aluno, de modo que as atividades sejam realizadas sem dificuldades e com autonomia.

Nesse modelo, o aluno é protagonista do processo de aprendizagem, tendo autonomia nesse percurso, e o professor se coloca como o tutor que encaminha o conhecimento, em vez de simplesmente repassá-lo. O processo de aprendizagem extrapola o espaço físico da sala de aula e torna possível a participação em qualquer lugar em que estejam os alunos e os professores.

Síntese

Neste capítulo, tratamos de materiais para a modalidade EJA em diferentes contextos. Identificamos aspectos a serem ponderados na construção de propostas pedagógicas para o ensino fundamental e o ensino médio, bem como uma proposta socioeducativa de artes visuais considerando suas peculiaridades, com vistas a aliar ensino presencial com concepções a distância. Por fim, indicamos algumas possibilidades de trabalho com objetos de aprendizagem em meios digitais.

Atividades de autoavaliação

1. Sobre a construção de uma proposta pedagógica de arte, assinale a alternativa correta:
    a) A arte é ferramenta que permite trabalhar a sensibilidade, a imaginação e a cognição de forma isolada.
    b) É essencial, no ensino da Arte, discriminar as linguagens tradicionais das linguagens contemporâneas, de modo a identificar a importância de uma em relação à outra.

c) Deve-se considerar uma sugestão para o desenvolvimento de espaços culturais a fim de valorizar a participação juvenil no mundo cultural, destacando experiências coletivas de criação capazes de construir laços entre os atores.
d) É preciso contemplar atividades que definam critérios de participação individual dos alunos nas artes visuais, considerada utilitária e necessária para o estudo das visualidades contemporâneas.

2. Sobre a elaboração de uma proposta de artes visuais para o ensino fundamental da EJA, assinale a alternativa correta:
    a) Produzindo trabalhos artísticos e conhecendo essa produção nas outras culturas, o aluno pode compreender a diversidade de valores que orientam tanto seus modos de pensar e agir quanto os da sociedade.
    b) Como área do conhecimento, a arte estimula o aluno a perceber, relacionar e compreender significados sociais que excluem múltiplas sínteses.
    c) Ao aprender arte na escola, o aluno consegue reunir requisitos necessários à profissionalização futura.
    d) O aluno desenvolve sua cultura de arte somente pela apreciação de obras acadêmicas reconhecidas.

3. Assinale a alternativa que corresponde ao perfil do professor mediador que utiliza os espaços a distância no ensino das artes visuais:
    a) Professor que incentiva o gosto pelas manifestações artístico-culturais que estejam mais próximas da realidade do aluno, impedindo-o de estabelecer contatos com as outras variantes.
    b) Professor que utiliza as tecnologias e as mídias para incentivar, de modo diversificado, o gosto artístico nas mais variadas manifestações da arte e da cultura.
    c) Professor que considera os aspectos técnicos do ensino e que incentiva a produção artística do aluno, priorizando-a em detrimento das produções artístico-culturais já existentes.
    d) Professor que incentiva as práticas de desenho livre como forma de escape às suas responsabilidades quanto ao uso e ao aprendizado das tecnologias.

4. Com relação ao uso de tecnologias na sala de aula, assinale a alternativa correta:
   a) Não se deve estimular a educação pelos meios de comunicação de massa, por serem prejudiciais ao aluno.
   b) O estudo das linguagens multimídia é significativo para a sala de aula, e o uso de objetos de aprendizagem torna o ensino significativo para jovens e adultos.
   c) A mudança nos padrões de percepção visual provocadas pelas mídias não deve ser utilizada pelo professor.
   d) A influência das mídias e da comunicação de massa só começa na escola.

5. As ciências do campo da cognição constatam que pensamos em todas as formas perceptivas e com todos os códigos significativos. O pensamento, a racionalidade, a imaginação e a afetividade são por natureza multimidiáticos e se contaminam mutuamente. Com base nesse texto, analise as afirmativas a seguir e indique V para as verdadeiras e F para as falsas.
   ( ) Por meio do som, da imagem, do texto e, principalmente, da interatividade, o aluno fixa melhor seu processo de aprendizagem.
   ( ) Somente o uso de imagens influencia o processo de aprendizagem nas artes visuais em contextos tecnológicos.
   ( ) É possível desenvolver as dimensões estéticas e artísticas com a utilização de multimídias em sala de aula, ainda que os alunos, como adultos e idosos, não tenham tanta afinidade com essa linguagem.
   ( ) O ensino de artes visuais é significativo apenas com a utilização de recursos midiáticos para os jovens que já têm afinidade com esses símbolos.

   Agora, assinale a alternativa que corresponde à sequência correta:

   a) F, V, F, V.
   b) V, V, F, F.
   c) F, V, F, V.
   d) V, F, V, F.

Atividades de aprendizagem

Questões para reflexão

1. Qual a relação entre os eixos curriculares de construção de uma proposta do ensino fundamental e os eixos curriculares de construção de uma proposta de ensino médio?
2. Quais as melhorias na qualidade da educação e do ensino das artes visuais com as mudanças de conceituação da arte na legislação?

Atividade aplicada: prática

1. Observe a tabela a seguir:

Na aula presencial, o aluno:	Na aula a distância, o aluno:
1. Recebe ementa, bibliografia e plano de ensino da disciplina.	1. Recebe ementa, bibliografia e plano de ensino da disciplina no AVA (além de todos os avisos relacionados), e isso tudo fica à disposição para consulta a qualquer momento.
2. Dialoga com o professor e os colegas, sendo disponibilizados quadro de giz, *slides* e materiais escritos de apoio. Interage com perguntas e comentários de forma imediata.	2. Responsabiliza-se por estudar o material previamente e, depois, interage com professor-tutor e colegas. A aprendizagem é autodirigida em razão dessa flexibilidade.
3. Recebe atividades para resolver em sala, entregando os resultados ao professor no mesmo dia.	3. As respostas são postadas no AVA. As correções podem ser feitas e inseridas em uma pasta no portfólio do professor ou enviadas aos alunos pelo AVA.

(continua)

(conclusão)

Na aula presencial, o aluno:	Na aula a distância, o aluno:
4. Tem o tempo de aula limitado para o contato com professor e colegas. O professor pode fazer possíveis correções no que foi dito ou solicitado.	4. Tem a possibilidade de comunicar-se com o professor-tutor e os colegas a qualquer momento pelo ambiente, pelo fórum de discussões ou, ainda, por *chat* e radioweb. Tem aulas híbridas, pelo ambiente virtual, em qualquer horário. Tem acesso a aulas interdisciplinares.
5. Tem tarefas complementares a serem feitas fora de sala e entregues posteriormente. Essas tarefas podem ser individuais ou em grupo.	5. Encontra as tarefas solicitadas no ambiente de aprendizagem, com todos os dados e documentos necessários para sua resolução (rotas de aprendizagem, materiais virtual e físico, biblioteca virtual). Quando solicitado pode formar livremente grupos para trabalho. A entrega é feita pelos portfólios individuais, dos grupos ou pelo AVA.
6. Participa imediatamente, realiza pesquisas e busca a melhor integração com o grupo.	6. Participa remota mas ativamente pelo AVA, pelos fóruns de discussão e nos momentos de encontro presenciais.

Com base na tabela, nas reflexões abordadas neste capítulo sobre a EaD e em sua experiência no processo de aprendizagem, elabore um texto de 20 linhas demonstrando as semelhanças e as diferenças entre a sala de aula presencial e a sala de aula a distância.

Considerações finais

A proposta deste livro foi abordar o ensino das artes visuais em diferentes contextos, destacando a educação de jovens e adultos (EJA) e a educação a distância (EaD).

Nesse sentido, trouxemos à tona uma discussão sobre temas relevantes à formação do professor de Artes Visuais, seja na formação inicial, seja na formação continuada, estabelecendo os aspectos passíveis de consideração nesse percurso de capacitação docente.

Assim, iniciamos com a análise dos contextos históricos em que as artes visuais se realizam, de maneira a conhecer a produção artística brasileira e entender esse campo do conhecimento como fator de produção cultural. Destacamos que os conceitos da arte formalista ainda estão presentes no ensino e na aprendizagem das escolas brasileiras. Examinamos também a arte como produção cultural, considerando a cultura visual como produção artística e o tripé do ensino de artes visuais: apreciar, produzir e contextualizar.

Na sequência, analisamos a legislação e as políticas públicas de formação de professores de Artes Visuais no panorama educacional brasileiro. Indicamos a organização, a estrutura e o funcionamento das artes visuais nos contextos da EJA e em EaD, diferenciando as etapas da educação básica. Demonstramos como se organiza a graduação em Artes Visuais, apontando semelhanças e distinções existentes nas modalidades de EJA e EaD.

Lembramos que a formação docente no processo de ensino e aprendizagem passa pela análise e pela reflexão de fundamentos históricos e teóricos das artes visuais. Essa formação pode ser realizada não apenas nos ambientes formais (em que a escola se mostra como representante, com o professor sendo o mediador docente), mas também em espaços não formais (a exemplo de museus, galerias, pinacotecas, em que o mediador docente efetiva ações educativas para ampliar o alcance das artes visuais na sociedade).

Abordamos, ainda, o ensino de arte nos ambientes socioeducativos, considerando a proposta pedagógica na socioeducação, o perfil do adolescente em conflito com a lei e outras estratégias aplicadas e desenvolvidas nesses espaços, que visam democratizar o acesso a informações necessárias para a formação docente.

Por fim, discutimos a temática sobre materiais de artes visuais em EJA e EaD, com o objetivo de identificar materiais em diferentes contextos, a fim de que futuros professores conheçam os aspectos a serem ponderados na construção das propostas de ensino, suas particularidades e a influência dos espaços a distância, como as ferramentas tecnológicas, que fazem a diferença no ensino e na aprendizagem das artes visuais. Constatamos ser necessária a reflexão sobre as atitudes docentes, de todos os envolvidos no processo de construção de conhecimento, enfatizando os valores e os princípios do profissional docente, mais precisamente de artes visuais, seja ele o professor na escola, seja ele o monitor de exposições em museus, galerias, pinacotecas.

Os vários cenários de ensino e aprendizagem devem estar a favor da democratização do ensino da arte, em suas múltiplas visualidades, para estimular o pensamento crítico e conscientizar os sujeitos do processo como agentes transformadores da sociedade.

As possibilidades das artes visuais são múltiplas e, com a utilização das tecnologias, elas se ampliam e ganham enfoque tridimensional, enriquecendo as propostas pedagógicas do ensino nos tão variados contextos de construção dos saberes.

Referências

ADINOLFI, M. **Projeto Cores no Dique**. Santos, 2009-2010. Disponível em: <http://www.mauricioadinolfi.com/catalogos/catalogo_cores_no_dique_1.pdf>. Acesso em: 31 mar. 2019.

ASSEMBLAGE. In: **Enciclopédia Itaú Cultural de Arte e Cultura Brasileiras**. São Paulo: Itaú Cultural, 2019. Disponível em: <http://enciclopedia.itaucultural.org.br/termo325/assemblage>. Acesso em: 31 mar. 2019.

BALLESTERO-ALVAREZ, J. A. **Multissensorialidade no ensino do desenho a cegos**. 121 p. Dissertação (Mestrado) – Escola de Comunicações e Artes, São Paulo, USP, 2002.

BARBOSA, A. M. T. B. **A imagem no ensino da arte**: anos oitenta e novos tempos. São Paulo: Perspectiva, 1991.

____. A importância do ensino da arte nas escolas. **Revista Época**, 16 mai. 2016.

____. **Arte-educação no Brasil**. 2. ed. São Paulo: Perspectiva, 2002.

____. **Tópicos utópicos**. Belo Horizonte: Ed. C/Arte, 1998. (Coleção Arte e Ensino).

BIAZUS, M. C. V. **Projeto Aprendi**: abordagens para uma arte/educação tecnológica. Porto Alegre: Promoarte, 2009.

BOURRIAUD, N. **Estética relacional**. São Paulo: M. Fontes, 2009.

BRASIL. Decreto n. 2.494, de 10 de fevereiro de 1998. **Diário Oficial da União**, Poder Executivo, Brasília, DF, 11 fev. 1998a.Disponível em: <http://www.planalto.gov.br/ccivil_03/decreto/D2494.htm>. Acesso em: 31 mar. 2019.

____. Decreto n. 5.622, de 19 de dezembro de 2005. **Diário Oficial da União**, Poder Executivo, Brasília, DF, 20 dez. 2005a. Disponível em: <http://portal.mec.gov.br/sesu/arquivos/pdf/portarias/dec5.622.pdf>. Acesso em: 31 mar. 2019.

____. Lei n. 5.692, de 11 de agosto de 1971. **Diário Oficial da União**, Poder Legislativo, Brasília, DF, 12 ago. 1971. Disponível em: <http://www.planalto.gov.br/ccivil_03/leis/L5692.htm>. Acesso em: 31 mar. 2019.

BRASIL. Lei n. 8.069, de 13 de julho de 1990. **Diário Oficial da União**, Poder Legislativo, Brasília, 16 jul. 1990. Disponível em: <http://www.planalto.gov.br/ccivil_03/leis/l8069.htm>. Acesso em: 31 mar. 2019.

_____. Lei n. 9.394, de 20 de dezembro de 1996. **Diário Oficial da União**, Poder Legislativo, Brasília, DF, 23 dez. 1996. Disponível em: <http://www.planalto.gov.br/ccivil_03/LEIS/l9394.htm>. Acesso em: 31 mar. 2019.

BRASIL. Ministério da Educação. **O que é educação a distância?** Disponível em: <http://portal.mec.gov.br/gabinete-do-ministro/355-perguntas-frequentes-911936531/educacao-a-distancia-1651636927/12823-o-que-e-educacao-a-distancia>. Acesso em: 31 mar. 2019.

BRASIL. Ministério da Educação. Conselho Nacional de Educação. Câmara de Educação Básica. Parecer n. 11, 10 maio 2000. **Diário Oficial da União**, Brasília, DF, 9 jun. 2000a. Disponível em: <http://confinteabrasilmais6.mec.gov.br/images/documentos/parecer_CNE_CEB_11_2000.pdf>. Acesso em: 31 mar. 2019.

_____. Parecer n. 22, de 4 de outubro de 2005. **Diário Oficial da União**, Brasília, DF, 23 dez. 2005b. Disponível em: <http://portal.mec.gov.br/cne/arquivos/pdf/pceb22_05.pdf>. Acesso em: 31 mar. 2019.

_____. Resolução n. 2, de 7 de abril de 1998. **Diário Oficial da União**, Brasília, DF, 15 abr. 1998b. Disponível em: <http://portal.mec.gov.br/dmdocuments/resolucao_ceb_0298.pdf>. Acesso em: 31 mar. 2019.

_____. Resolução n. 2, de 30 de janeiro de 2012. **Diário Oficial da União**, Brasília, DF, 31 jan. 2012. Disponível em: <http://portal.mec.gov.br/index.php?option=com_docman&view=download&alias=9917-rceb002-12-1&Itemid=30192>. Acesso em: 31 mar. 2019.

_____. Resolução n. 3, de 13 de maio de 2016. **Diário Oficial da União**, Brasília, DF, 16 maio 2016. Disponível em: <http://portal.mec.gov.br/index.php?option=com_docman&view=download&alias=41061-rceb003-16-pdf&category_slug=maio-2016-pdf&Itemid=30192>. Acesso em: 31 mar. 2019.

BRASIL. Ministério da Educação. Conselho Nacional de Educação. Câmara de Educação Superior. Parecer n. 195, de 5 de agosto de 2003. **Diário Oficial da União**, Brasília, DF, 12 fev. 2004. Disponível em: <http://portal.mec.gov.br/cne/arquivos/pdf/CES_0195.pdf>. Acesso em: 31 mar. 2019.

_____. Parecer n. 280, de 6 de dezembro de 2007. **Diário Oficial da União**, Brasília, DF, 24 jul. 2008. Disponível em: <http://portal.mec.gov.br/cne/arquivos/pdf/2007/pces280_07.pdf>. Acesso em: 31 mar. 2019.

_____. Resolução n. 4, de 13 de julho de 2005. **Diário Oficial da União**, Brasília, DF, 19 jul. 2005c. Disponível em: <http://portal.mec.gov.br/cne/arquivos/pdf/rces004_05.pdf>. Acesso em: 31 mar. 2019.

BRASIL. Resolução n. 1, de 16 de janeiro de 2009. **Diário Oficial da União**, Brasília, DF, 19 jan. 2009. Disponível em: <http://portal.mec.gov.br/cne/arquivos/pdf/2009/rces001_09.pdf>. Acesso em: 31 mar. 2019.

BRASIL. Ministério da Educação. Conselho Nacional de Educação. Conselho Pleno. Resolução n. 1, de 18 de fevereiro de 2002a. **Diário Oficial da União**, Brasília, DF, 4 de março de 2002a. Disponível em: <http://portal.mec.gov.br/cne/arquivos/pdf/rcp01_02.pdf>. Acesso em: 31 mar. 2019.

_____. Resolução n. 2, de 19 de fevereiro de 2002b. **Diário Oficial da União**, Brasília, DF, 4 de março de 2002. Disponível em: <http://portal.mec.gov.br/cne/arquivos/pdf/CP022002.pdf>. Acesso em: 31 mar. 2019.

BRASIL. Ministério da Educação. Secretaria de Educação Fundamental. **Parâmetros curriculares nacionais**: arte. Brasília, 1997. Disponível em: <http://portal.mec.gov.br/seb/arquivos/pdf/livro06.pdf>. Acesso em: 31 mar. 2019.

_____. **Parâmetros curriculares nacionais**: terceiro e quarto ciclos do ensino fundamental – arte. Brasília, 1998c.Disponível em: <http://portal.mec.gov.br/seb/arquivos/pdf/arte.pdf>. Acesso em: 31 mar. 2019.

BRASIL. Ministério da Educação. Secretaria de Educação Média e Tecnológica. **Parâmetros curriculares nacionais**: ensino médio. Brasília, 2000b. Disponível em: <http://portal.mec.gov.br/seb/arquivos/pdf/blegais.pdf>. Acesso em: 31 mar. 2019.

BULHÕES, M. A. **Sistemas de ilusão**: institucionalização que não se evidenciam. In: ENCONTRO NACIONAL DA ANPAP, 2005. Goiânia, 2005.

CERTEAU, M. de. **A invenção do cotidiano**: artes de fazer. Petrópolis: Vozes, 1994. v. 1.

CHAUI, M. **Conformismo e resistência**: aspectos da cultura popular no Brasil. São Paulo: Brasiliense, 1986.

CHRISTENSEN, C. M.; HORN, M. B.; STAKER, H. **Ensino híbrido**: uma inovação disruptiva? 2013. Disponível em: <https://www.pucpr.br/wp-content/uploads/2017/10/ensino-hibrido_uma-inovacao-disruptiva.pdf>. Acesso em: 31 mar. 2019.

CNJ – Conselho Nacional de Justiça. **Relatório anual**. Brasília, 2012.

COLOSSEUM: Flavian Amphitheatre. **Coop Culture**. Disponível em: <https://www.coopculture.it/en/the-colosseum.cfm>. Acesso em: 31 mar. 2019.

COUTINHO, R. G. et al. **Desafios para a docência em arte [recurso eletrônico]**: teoria e prática. São Paulo: Universidade Estadual Paulista, Núcleo de Educação a Distância, 2013.

DOMINGUES, D. **Arte e vida no século XXI**: tecnologia, ciência e criatividade. São Paulo: Unesp, 2003.

EISNER, E. W. The arts and the creation of mind. **Source**: Language Arts, v. 80, n. 5, p. 340-344, May 2003.

FAZENDA, I. **O que é interdisciplinaridade?** São Paulo: Cortez, 2008.

FAZENDA, I. C. A. **Interdisciplinaridade**: história, teoria e pesquisa. Campinas: Papirus, 1994.

FERRAZ, M. H. C. de T.; FUSARI, M. F. de R. e. **Metodologia do ensino de arte**. São Paulo: Cortez, 1992.

FLEURI, R. M. Intercultura, educação e movimentos sociais no Brasil. In: COLÓQUIO INTERNACIONAL PAULO FREIRE, 5., 2005.

FONSECA, F. N. Parâmetros Curriculares Nacionais: possibilidades e limites. In: PENNA, M. (Coord.). **É este o ensino de arte que queremos?** Uma análise das propostas dos Parâmetros Curriculares Nacionais. João Pessoa: Ed. da UFPB/CCHLA/PPGE, 2001. p. 19-30.

FREIRE, P. **A importância do ato de ler**. São Paulo: Autores Associados, 1989.

_____. **Pedagogia do oprimido**. 24. ed. Rio de Janeiro: Paz e Terra, 1997.

GARCÍA ARETIO, L.; CASTILLO ARREDONDO, S. El desarrollo de la acción tutorial. In: GARCÍA ARETIO, L. **La educación a distancia y la UNED**. Madrid: Uned, 1996. p. 2-17.

GOMES. V. C.; SOUZA, J. R. de; RABELLO, J. J. **Gramsci, educação e luta de classes**: pressupostos para a formação humana. Fortaleza: Imprensa Universitária, 2015.

HÉRNANDEZ, F. **Cultura visual, mudança educativa e projeto social**. Porto Alegre: Artmed, 2000.

LIBÂNEO, J. C. **Democratização da escola pública**. São Paulo: Loyola, 1990.

LOWENFELD, V.; BRITAIN, W. L. **Desenvolvimento da capacidade criadora**. São Paulo: Mestre Jou, 1977)

MARTINS, R. (Org.). **Visualidade e educação**. Goiânia: Funape, 2008.

MÁSCARAS: Astecas, Maias e Incas. **Corpo e Sociedade**, 22 maio 2013. Disponível em: <https://corpoesociedade.blogspot.com/2013/05/mascaras-astecas-maias-e-incas.html>. Acesso em: 31 mar. 2019.

MASON, R. **Por uma arte-educação multicultural**. Campinas: Mercado de Letras, 2001.

MAZIERO, S. M. B. **Material didático produzido para uso interno no Cense Curitiba** – atividade arte desenvolvida no Paraná. Curitiba, 2017.

_____. **Material didático produzido para uso interno no Cense Curitiba** – atividade abrindo os ouvidos. Curitiba , 2015.

_____. **Política e diretrizes para o uso de tecnologias educacionais do Paraná**: formação e mediação docente (2003-2013). Curitiba: UFPR, 2014.

MAZIERO, S. M. B.; ALBERINI, G. Novos desafios pedagógicos: o método da pesquisa-ação no ambiente socioeducativo. COLÓQUIO INTERNACIONAL E EDUCAÇÃO E JUSTIÇA SOCIAL. **Anais**... Curitiba: PUC/PR, 2014.

MENEZES, P. R. A. de. A pintura trágica de Edvard Munch: um ensaio sobre a pintura e as marteladas de Nietzsche. **Tempo soc.**, v. 5, n. 1-2, p. 67-111, 1993.

METZ, M. C.; ANGELO, C. M. P. Planejamento de língua portuguesa: concepções subjacentes. **Revista Querubim**, Rio de Janeiro, ano 4, n. 6, jan./jun. 2008.

MORAN, J. M.; MASETTO, M. T.; BEHRENS, M. A. **Novas tecnologias e mediação pedagógica**. Campinas: Papirus, 2000.

MOREIRA, M. A.; MASINI, E. F. S. **Aprendizagem significativa**: a teoria de David Ausubel. São Paulo: Centauro, 2001.

PARANÁ. **Programa de Escolarização nas Unidades Socioeducativas**. Curitiba: SEED, 2014.

PARANÁ. Secretaria de Estado da Educação. Departamento de Educação Básica. **Diretrizes curriculares da educação básica**: arte. Curitiba, 2008.

PEREIRA, R. S. **Second Life**: o lazer em um ambiente de sociabilidade na internet. 2015. Disponível em: <http://www.cbce.org.br/docs/cd/resumos/056.pdf>. Acesso em: 31 mar. 2019.

PILLAR, A. D. (Org). **A educação do olhar no ensino das artes**. Porto Alegre: Mediação, 1999.

PIMENTEL, L. G. **Limites em expansão**: licenciatura em artes visuais. Belo Horizonte: C/Arte, 1999.

PINHEIRO, A. Saiba mais sobre a vida do artista plástico Arthur Bispo do Rosário. **Revista Raça**, 16 out. 2016. Disponíve em: <https://revistaraca.com.br/a-vida-do-artista-arthur-bispo-do-rosario/>. Acesso em: 16 abr. 2019.

PRADO, M. E. B. B.; ALMEIDA, M. E. B.Formação de educadores: fundamentos reflexivos para o contexto da educação a distância. In: VALENTE, J. A.; BUSTAMANTE, S. V. (Orgs.). **EAD e reflexão sobre a prática**: a formação do profissional reflexivo. São Paulo: Avercamp, 2009.

RICHTER, I. M. **Interculturalidade e estética do cotidiano no ensino das artes visuais**. Campinas: Mercado de Letras, 2003.

RIZZI, M. C. de S. Caminhos metodológicos. In: BARBOSA. A. M. (Org.). **Inquietações e mudanças no ensino da arte**. São Paulo: Cortez, 2002. p. 220-230.

SANTAELLA, L. **Comunicação ubíqua**: repercussões na cultura e na educação. São Paulo: Paulus, 2013.

SILVA, D. D.; SILVA, V. T. da. **O olhar e o fazer**: possíveis construções e reflexões em sala de aula tendo como ponto de partida as imagens (artísticas e cotidianas) e as experiências. 2017. Disponível em: <http://www.diaadiaeducacao.pr.gov.br/portals/pde/arquivos/2017-8.pdf>. Acesso em: 31 mar. 2019.

SOSNOWSKI, K.; MOTTA FILHO, M. **Novas tecnologias e a arte**: algumas reflexões sobre a formação de professores de arte no Brasil. 2015. Disponível em: <http://cac-php.unioeste.br/eventos/senieeseminario/anais/Eixo1/NOVAS_TECNOLOGIAS_E_A_ARTE_ALGUMAS_REFLEXOES_SOBRE_A_FORMACAO_DE_PROFESSORES_DE_ARTE_NO_BRASIL.pdf>. Acesso em: 31 mar. 2019.

SOUZA, E. C. **O conhecimento de si**: estágio e narrativas de formação de professores. Salvador: Eduneb, 2006.

TAVARES, D. E. O que é interdisciplinaridade? In: FAZENDA, I. (Org.). **A interdisciplinaridade na contemporaneidade**: qual o sentido? São Paulo: Cortez, 2008. p. 32-87.

TEIXEIRA COELHO, J. **Dicionário crítico de política cultural**: cultura e imaginário. 2. ed. São Paulo: Iluminuras, 1999.

TOMIE OHTAKE. In: **Enciclopédia Itaú Cultural**. 26 set. 2018. Disponível em: <http://enciclopedia.itaucultural.org.br/pessoa4437/tomie-ohtake>. Acesso em: 16 abr. 2019.

Bibliografia comentada

BARBOSA, A. M. **Inquietações e mudanças no ensino da arte**. São Paulo: Cortez, 2002.

> Nesse livro, a autora discute a obrigatoriedade do ensino da arte, tanto no ensino fundamental quanto no ensino médio, indicando que isso não é suficiente para garantir a presença da disciplina no currículo e que somente a ação do professor pode torná-la essencial para favorecer o crescimento individual e o comportamento dos cidadãos.

BELLONI, M. L. **O que é mídia-educação**. 2. ed. Campinas: Autores Associados. 2005.

> A autora trabalha com pesquisas que foram realizadas em duas vertentes: a primeira considera a mídia-educação pela óptica do público jovem; a segunda é feita pelas instituições, especialmente as escolares e seus professores, que se apropriam desses instrumentos de informação e comunicação no fazer cotidiano.

CHAUI, M. **Conformismo e resistência**: aspectos da cultura popular no Brasil. São Paulo: Brasiliense, 1986.

> Nesse livro, a filósofa Marilena Chaui aborda as dificuldades de definição da expressão *cultura popular*, discutindo o conceito de cultura popular, sobretudo em suas formas predominantes no Brasil, originadas nos pontos de vista "romântico" e "ilustrado".

FAZENDA, I. C. A. **Interdisciplinaridade**: história, teoria e pesquisa. Campinas: Papirus, 1994.

> Esse livro traz, em abordagem fácil, os escritos e estudos da autora desenvolvidos acerca da interdisciplinaridade, desde a década de 1970, com o intuito de corroborar com a produção de saberes novos/velhos na área da educação. Para isso, utiliza ousadia, a pergunta e a pesquisa interdisciplinar, movimento acompanhado pela subjetividade do ato de pesquisar ao lado da própria história de vida.

FREIRE, P. **Pedagogia da autonomia**: saberes necessários à prática educativa. 9. ed. Rio de Janeiro: Paz e Terra, 1998.

> Nas palavras do próprio Paulo Freire: "a questão da formação docente ao lado da reflexão sobre a prática educativa progressivista em favor da autonomia do ser dos educandos é a temática central em torno de que gira este texto. Temática a que se incorpora a análise de saberes fundamentais àquela prática e aos quais espero que o leitor crítico acrescente alguns que me tenham escapado ou cuja importância não tenha percebido".

PILLAR, A. D. (Org.). **A educação do olhar no ensino das artes**. Porto Alegre: Mediação, 1999.

> A obra apresenta um debate aprofundado sobre o papel dos professores de todas as áreas, ampliando e coordenando as múltiplas leituras de imagens. Reúne elementos teóricos e a possibilidade de discussão de significados. Vários arte-educadores analisam leituras e releituras nas artes plásticas, visuais e dramáticas, sobre as relações entre arte e tecnologia, a educação estética, a imagem na literatura infantil, entre outros temas.

Respostas

Capítulo 1

1. d
2. b
3. c
4. b
5. a

Capítulo 2

1. a
2. c
3. a
4. b
5. d

Capítulo 3

1. a
2. c
3. b
4. d
5. b

Capítulo 4

1. b
2. a
3. d
4. b
5. c

Capítulo 5

1. c
2. a
3. c
4. b
5. b

Capítulo 6

1. c
2. a
3. b
4. b
5. d

Sobre a autora

Stela Maris Britto Maziero é professora de Arte, formada em Artes Visuais pelas Faculdades Integradas de Ourinhos (FIO). Mestre em Educação pela Universidade Federal do Paraná (UFPR) – Linha de Pesquisa: Cultura, Escola e Ensino na Temática; Tecnologia e Formação de Professores. Especialista em Direito Educacional pelas Faculdades Claretianas (Uniclar) e em Gestão de Qualidade na Educação pelo Instituto Brasileiro de Pesquisa, Pós-Graduação e Extensão (Ibpex). Atua como professora em cursos de pós-graduação na área de educação de jovens e adultos (EJA).